和装のプロが教える、
一流になるための所作と心づかい

一流の人は
なぜ 着物を
着こなせるのか

信和義塾大學校創設者
中野 博

一般社団法人日本伝統技術
インストラクター協会代表理事
坂本洋平

現代書林

はじめに

なぜ着物を着るだけで、モテるのか？

二〇一五年一〇月二〇日、私はイタリア・ミラノの大聖堂（ドゥオモ）前でカメラマンをさせられていた。一人のサムライ姿の男に群がる若い女性たちは、彼の横にいた私にカメラやスマホを渡して、彼とのツーショット写真を欲しがった。その数、十数人以上！　矢継ぎ早にくる写真撮影の依頼にニコニコ応じているつもりでも、実際は顔が引きつっていたと思う。それほど、人気者の彼の隣で、ただただ写真を撮り続けるのはつらかった。そして悔しかった。

しかし、あまりにも多くの外国人女性が彼をあたかもスターのような憧れの眼差しで見つめ、キャーキャー言いながら近寄り写真を一緒に撮りたがる姿に、悔しい思いをしつつ、実はうれしくもあった。複雑な気持ちではあったが、日本人としての誇りさえ感じられた体験だった。

さて、その時の彼の服装こそが〝着物〟なのだ。しかも、彼はわざとサムライのような姿を演出するために髪を結い、刀のような大きな筆を腰にさしていた。その彼とは、私の友人の小林龍人君であり、二〇一七年一一月三日に東久邇宮文化褒賞を受賞した書道家（墨筆士）である。

そんな彼も、この時はまだ無名だった。もちろん、イタリアのミラノの大聖堂前にいた女性たちは彼のことを知らなかった。単に、着物姿がカッコイイ！ というだけでモテまくったのである。

さらに、彼はミラノ万博会場でも一番モテた！ 私は、ミラノ万博を取材中の日本館の中でもカメラマンをさせられた（苦笑）。しかも大人気の日本館の中だけに、この時は子どもたちが歓喜して、どんどん彼に近づいてきて写真を撮りたがり、握手まででも求めて大混乱となってしまった。まさに、彼はスターだった、行列ができるほどのモテぶりだったのだから。

さらにイタリアやフランスを、着物姿でいなせにキメた小林君と旅したが、毎回毎回、私はカメラマンをやらされ、彼だけがスターのようにモテモテ……。

私はそんな彼のモテぶりを数日間、何度も何度も近くで見ながら撮影しているうちに、悔しさや嫉妬心を超えて、感激し、分析すらし始めていた。

「なぜ、日本の着物はここまで、外国人を魅了するのだろうか？」という大きなテーマが私の意識を変え始め、とうとう私は「着物を着てみたい！」と思うようになった。まさに、人生で初めて着物を着たくなったのが、イタリア・フランスの旅の途中であり、それは嫉妬心から（笑）芽生えた気持ちなのであった。

着物を着ない理由は「めんどう」だから

ところで、あなたは着物を着たことがあるだろうか？　もし、着たことがないなら、着なかった理由は私と同じではないかと推察する。

私が着物を二〇一五年まで着なかった理由、それは簡単に言うと「めんどう……」だからであった。その「めんどうくさい」を分析すると、こんな感じである。
1、着物を着る場面に縁がない。
2、着物を自分で着られない。

3、着物の知識がないし、呉服店に行く機会がない。
4、着物は保管も、着たあとの手入れも大変そう。
5、着物は金額が張りそう。
めんどうな理由はこのように山ほどあったので、着物などには縁もないし興味すらなかった。それが、先ほど紹介した〝着物を着ているだけでモテた〟小林君に群がる人々を見た時に、気持ちがガラリと変わってしまったのだ。

そして私は心のどこかに、〝いつかは着物を着てみたい〟という潜在意識があることに、気づいてしまったのだった。

日本人のアイデンティティとして、着物も着るという選択

二〇一五年一一月初旬、先のイタリア旅行から帰国した私はさっそく着物屋さんに足を運んでみた。しかし、やはり、格式が高くてお店に入りづらいし、勇気を出して入ってもよくわからないので、店員が近寄ってくると店を出てしまっていた。

そんな時にたまたま坂本洋平さんが、私が主宰する帝王學の講座に入塾された。こ

れはすてきなご縁だと思い、彼に着物についてあれこれ聞きまくった。そして、私は大胆にもこんなお願いをしたのである。

「坂本さん、着物を、スーツを着るみたいに自分で簡単に着られないかな？　それもできれば、安ければ安いほどいいんだけどなぁ」

　彼の表情がこわばったので、私は非常識すぎるお願いをしたことに気づいた。とはいえ、何事も改善と工夫が大切であり、時には大胆な発明も必要だと考えて行動を起こし、人にお願いするのが常である私は、当たり前のような顔でさらに続けた。

「坂本さん、日本人としてのアイデンティティを私も感じたいし、世界に向けて和服としての着物の良さと、西洋のスーツのような気軽さを合わせたようなスーツ感覚の着物を創ったら、きっと世界中でブレイクするから、創って！」

　これに対して、坂本さんは少し考えさせてほしいと言いつつも、ダメとは言わず真剣に考えてくれると約束してくれた。

　その後、彼はいまのＥＩＺＩ（栄時）の原型となる試作モデルを開発してくれた。何度も何度も改善を繰り返しながら、より簡単に着られる着物を開発してしまったのだ。その完成品を私に提供までしてくれて感動したので、私は仲間たちにドンドン紹介した。

さすがに、成功者はじめ一流の人たちは着物をすでに持っていたし、着物を着る機会もあったのだが、一分ではける袴にはやはり感激してくれた。

私とは違って着物体験があるだけに、よりいっそう一分ではける坂本洋平さんが創った世界初の袴には誰しもが喜び、注文が殺到した。

成功者らが次々と着物を買い、パーティなどで着始めると、その仲間たちも刺激されて欲しくなる。特に、日本人としてのアイデンティティを求めてはいるけれど着物とは縁がなかった方までも〝着物を着るという選択〟をし始めたのである。

私はジャーナリスト目線で世界を見つめながら、和魂を世界に広げていきたいと考えて教鞭をとり続けている講師として、「着物と日本人、日本文化としての着物を世界へ」という思いを持ってこれまで取材活動をしてきた。

この本は、世界を股にかけてビジネスを展開しながら、世界に日本の文化を広めようと考え実践している中野博と、和装を通じて日本の心を未来の子どもたちに残したいと考えて実践している坂本洋平が出会ったことで生まれた。

東京オリンピック・パラリンピックを迎える二〇二〇年の夏に向けて、日本を訪れる外国人はますます増えるだろうし、日本のアニメは世界的に大人気なため、今後ますます世界中でアニメに魅了された外国人がコスプレをすることだろう。

その流れの中で、日本だけでなく、世界中で日本の心、日本人のアイデンティティとしての着物を着る人が増えるに違いない。

すでに、京都など観光地では着物をレンタルして街を歩き、写真を撮り、インスタグラムで紹介する外国人旅行者はあとを絶たない。

だからこそ、私は言いたい。

モテるためという動機からでもいいので（笑）、着物を着てみてはいかがだろうか？

きっと、あなたの中にある日本人としての心が震えるはずだから。

信和義塾大學校創設者　中野　博

第一章 いま、なぜ世界は、着物に注目しているのか？ 中野 博

第二章

一流の人は着物を着こなす

坂本洋平

第一章

いま、なぜ世界は、着物に注目しているのか？

二〇一七年七月　パリ――。
あの日、私たちは「侍」になった。

中野 博

◉クールジャパン――日本のゴールデンエイジ再び？

東京オリンピックを目前に控えたいま、政府が率先して取り組んでいる〝クールジャパン戦略※〟によって、日本の漫画、アニメ、ファッション、音楽、和食、伝統、ロボットなど様々な日本発信のコンテンツが、世界中の人々に届けられています。

さらに〝和食〟が「世界無形文化遺産」に登録され、アニメのコスプレが外国人の若者たちに大ヒットし、日本の注目度は、年々高まるばかりに思います。まさに、日本はいま、〝ゴールデンエイジ（黄金時代）〟を迎えているといっても過言ではないでしょう。

※クールジャパン戦略とは、外国人がクールとする日本の魅力（漫画やアニメのほか、アイドル、日本式「カワイイ」文化などの若者文化を牽引するコンテンツ産業・クリエイティブ産業や、食文化、上質な工芸・ものづくり産業、おもてなしを売りとするホテルなどのサービス業、伝統的日本文化）を積極的に世界に発信する政府の戦略。

これまでの日本、昭和の時代の日本は、〝ものづくり大国〟として、工業製品の品質の高さと価格の安さで国力を伸ばしてきました。その結果、GDP（国民総生産＝国の経済指標のひとつ）が世界二位（現在は中国が二位で日本は三位）という経済大国となり、世界の人から「日本製は安くて質がいい」「日本製品だから買う」という誇らしい〝日本の時代〟が確かにあったのです。

◉世界が「和様化」するなかで

ところが、二一世紀に入って中国や東南アジアをはじめとする新興国がかつての日本のように「安くてよいものを作る」ことに長けてきたことで、日本は新たな成長の軸をつくらねばならなくなりました。そこで、日本の強みを再発見して、これまでの〝工業製品〟からアニメやゲーム、食、ノウハウなど〝ソフト〟を売ることでコンテンツビジネス、観光ビジネスなどに今後の日本の成長を見出す、これがクールジャパン戦略の狙いでもあります。

海外のアニメ、コスプレ人気、和食ブームは、日本国内でもTVなどのメディアで目にすることも多いことでしょう。海外で過ごしていると実際まったくその通りなのですが、かといって日本国内の景気が良くなっているかというと、その実感はわいていないというのが大半の方の感想かと思います。また、国内にいるとどうしても「海外で日本のアニメ？　ふ〜ん」「コスプレがどうしたって？」と、冷めた目でこうした現象をとらえがちです。

いまやアニメ、コスプレは、ブームを超えて、世界の共通言語にも似たコミュニケーションツールの様相を呈しています。食の世界もそうで「和食」が単にヘルシーだからという意識を超えて、**「和食を食すること自体、普通にカッコイイ」という域へと「クールジャパン」は進展している**のです。

海外取材をしていてびっくりするのは、日本のアニメを見て育っている人がとてもたくさんいるということです。ドラゴンボールやＮＡＲＵＴＯは当たり前、とにかく知識として知っていないと「なんで読んでないのか？」と怪訝な顔をされることもあるほどです。

いいものはいいと、どの国でも日本の文化を受け入れていく。これは世界が「和様化」し始めている現象ともいえそうです。そしてこの「和様化」は、これから本格的になっていくと思われるのです。

そうなると今後は世界中で、**「和様化」することの意味や背景を考えている人と考えない人で差が出てくる**ということになります。

これは、「面白き事もなき世を面白く……」という幕末の志士、高杉晋作の言葉のように、「面白い世の中にしようじゃないか、でも、それは自分の心次第だけどね」という変革の時代特有の風のようなものを感じているかいないかの差です。

この風をとらえるチャンスは日本人の誰もが持っていると、私は確信しています。

そして同時に、いま日本に足りないものは何か？　消えてしまったもの、消えようとしているのは何か？　外国人に見えて当の日本人に見えていないことは何なのか？

これを〝一流の人〟は考えています。なぜならそれが、新しいビジネスにつながる可能性があるからです。

◉「カワイイ」が世界を動かし始めた

近年、日本のポップカルチャーをテーマとした博覧会が世界中で開催されています。フランス、タイ、アメリカでは毎年のように開催されており、二〇一六年十月には第二のドバイと呼ばれる中東・アゼルバイジャンでもジャパンエキスポが開かれ、これまで日本に馴染みのなかった地域でも、日本の魅力が徐々に浸透しつつあります。

そのなかで特に私が注目しているのはフランスで開かれている「ジャパンエキスポ」です。パリのジャパンエキスポは最大かつ歴史もあり、昨年（二〇一七年）で一八回目の開催となりました。欧州最大の日本の祭典として、いまでは二三万人もの日本愛好家らが足を運ぶモンスターイベントです。

ちなみに二〇一二年のジャパンエキスポでは、きゃりーぱみゅぱみゅさんがフランスで初めてのライブを行い、二日間で約一万三〇〇〇人という「ジャパンエキスポ」内で最大の動員数を記録したという報道がありました。

ライブ会場では、彼女と同じような奇抜な原宿ストリートファッションをまねたフアンたちの熱狂ぶりがニュースとなりました。こうしたファンの姿をみて、「おたく」が単なる個性的な遊びではなくなり、**「流行」を軽く飛び越えて「おたく文化」として世界を牽引**しているという現実を目の当たりにしたのです。

彼女はその後もクールジャパンを象徴する存在となり、**「カワイイ」という日本語とともに海外のファンを引き付けて**いきます。日本国内でもその存在感、注目度は増し、二〇一四年には、経済誌の「日経ビジネス」七月一四日号の表紙を飾ることとなります。

彼女の表紙号は「コンテンツ強国へ　この〝熱狂〟を売れ!」をテーマに、世界へ打って出る日本のコンテンツ産業を特集したもので、サンフランシスコのライブのワンショットで表紙を飾った、きゃりーぱみゅぱみゅさんの人差し指で指差す姿は、日本が目指す先をイメージさせていてとても印象的でした。

きゃりーぱみゅぱみゅさんは、強烈で個性豊かなイメージガールとなって「クールジャパン」を加速させる役割を果たしたのです。その後の原宿ファッションの注目ぶりは言うまでもありません。

そして、スシ、キティちゃん、けん玉から折り紙……。
日本のことならなんでもOK、日本大好き！
こんな状態が長らく続いていて、世界の日本びいきはとどまることを知りません。

◉芸術の国フランスを魅了する日本

ちなみにフランスの日本びいきはいまに始まったことではありません。一八七八年、パリ万国博覧会が開催されました。この時、空前の日本ブームが起きたのです。これが**「ジャポニズム」と呼ばれる絵画・芸術など、ありとあらゆる分野で起こった〝日本趣味〟**の始まりです。

このパリ万博で公開された浮世絵の空間表現や鮮やかな色使いが、ヨーロッパの画家たちに強烈な印象と新たな発想をもたらしました。マネ、モネ、ドガ、ゴッホなどの画家たちが、浮世絵を収集し模写することで、新たな作風を生み出していったことは有名です。

芸術の国フランスの人たちを魅了した「日本の美」は、その後も「日本はすばらしい!」というイメージをフランス人の心の中に溶け込ませていきます。

英BBCが二〇一七年九月に発表した、「世界に良い影響を与えている国(世界世論調査 二〇一七)」で、日本が「良い影響を与えている」とした回答が多かったのは、オーストラリア(七八%)、カナダ(七七%)、フランス(七四%)、ブラジル(七〇%)、アメリカとイギリス(六五%)の順でした。**フランスの日本に対する好感度は世界で三番目に高く、とても良い状態**であることがわかります。ジャパンエキスポが盛況であるのもうなずけます。

最近の日本ブームは、ネオ・ジャポニズムとも言われていて、かつて浮世絵がヨーロッパ中を驚かせたように、日本のアニメやファッションが再び彼らの心をワクワクさせているのです。

◉着物ブームの台頭

現在、私は年間三〇〇日以上を取材のため海外で過ごす生活をしています。そのため、日本文化に対しての「世界のリアルな反応」を感じる毎日です。

もちろん和食は、私が主に滞在しているアメリカでも大人気となっています。最近ではロサンゼルスにうどん屋チェーンの丸亀製麺がアメリカ初上陸しました。他にも、ラーメン屋、すし屋、天ぷら屋など、日本食を展開する日本企業が相次いで進出しています。

近年の日本ブームの火付け役ともなった漫画やアニメ。これも、依然として若者たちから絶大なる人気を博します。

アメリカ、ヨーロッパ、アジアはもちろん、最近では中東でもメディア展開が行われました。書店に、日本の漫画コーナーが特設されたり、現地のテレビで放映されたりなど、大きな盛り上がりを見せています。これだけ巨大なマーケットになったからには、〝和食〟や〝漫画・アニメ〟といった日本ブームは、まだまだ続いていくことでしょう。

しかし、ここ数年〝和食〟や〝漫画・アニメ〟とは別に、新たな日本ブームの風が吹き始めているのを、あなたはご存知でしょうか？

その**新たなブームというのが、「着物（KIMONO）」**です。

います。外国人観光客の間で、日本土産として「着物」を買っていく人が急増しています。**外国人をターゲットにした「着物ショー」や「日本の文化体験」は大盛況**だとの報道もあります。

この着物ブームは、確かに納得がいきます。海外の生活が長い私ですが、ここ数年になって、着物を纏《まと》う外国人を見る機会がグッと増えました。調べてみると、その背景にはいくつかの理由があるようです。

近年では、イギリスのファッションブランド「NEW LOOK」が日本の着物をモチーフにした〝キモノ・ジャケット〟を発売。当時（二〇一四年）は、五秒に一着のペースで売れていると話題となり、イギリスを中心に爆発的な「KIMONO」ブームを巻き起こしました。

また、3・11の東日本大震災（二〇一一年）の復興支援をきっかけに、パリ在住の着物好き日本人女性らを中心に結成されたボランティア団体〝パリ小町〟は、現地パリにて「着付け講座」や「着物イベント」などを実施。現在も継続して行っており、パリでの「着物」ブームの火付け役として大きな役割を果たしています。

他にも、世界に「着物（ＫＩＭＯＮＯ）」の魅力を伝えるビジネスや活動をしている団体は数多くあり、その勢いは年々拡大しているとのことです。

この情報だけでは、データを集めただけとしか言いようがありませんが、実は、この「着物ブーム」が、これからの〝未来ある日本の産業〟と感じざるを得ない、最近の私自身のエピソードがありますので、ご紹介したいと思います。

◉ジャパンエキスポで感じたＫＩＭＯＮＯパワー

私が運営している信和義塾大學校では、二〇一七年七月、日本の文化を世界に発信すべく、**「チーム和魂《わこん》」を結成し、フランスのジャパンエキスポに参加**しました。**「チーム和魂」のメンバーは全員「和装」**をして現地入りをしました。「アニメのコスプレに比べてインパクトが弱いかな……」との心配もありましたが、私の予想はいい意味で覆されたのです。

私の五〇年の海外人生で、この日以上に、「着物」のパワーを実感した日はなかったでしょう。

着物を着て異国の地に立つ――。

凄いことに、**たったこれだけで、海外の人たちとのコミュニケーションの第一歩が始まっていた**のです。これは海外で着物を着たことがある人特有の感覚かもしれませんが、どこか周囲からの尊敬と羨望のまなざしを感じるのです。日本ではありえない感覚でしょう。

現地フランス人からは記念撮影はもちろん、ハグまで求められる愛され方です。それも一回や二回ではありません。何度されたかわからないほどです。まるで、自分がどこかのアイドルにでもなった気分と言いましょうか。それぐらい、熱い視線のシャワーを浴びます。

私たちのプロジェクトチームは、店頭にて物品の販売も行っていましたが、もはや声を出しての宣伝は必要ありません。

〝着物を着て売り場に立つこと〟

これが一番の広告となり、何もしなくてもお客さんが次から次へと寄ってきます。

これには本当に驚きました。着物がブームだと聞いてはいましたが、ここまで注目されるものだとは、正直、想像もつきませんでした。

◉外国人の着物熱

なぜ、外国人は日本の「着物」にここまで興味を持つのだろう？　気になった私は現地で調査取材をしました。すると、意外な答えが返ってきたのです。

・「日本の着物はベリークール！　オーラを感じる」
・「着ている人がやさしく見える。人としての品が生まれるから好き！」
・「着るだけで、日本人的な落ち着いた雰囲気になれる」
・「姿勢が美しく見えるのがグッド！」

目から鱗でした。「色がきれいだから！」「華やかだから！」など、そういった外国人らしい意見が多いだろうと予想していたのですが、ふたを開けてみると、答えは違ったのです。

私がインタビューした外国人たちは三〇人。着物を好きな理由を答えるとき、着物の素材や柄といった物質的な面を答える人は稀で、着物を着た時に醸し出される雰囲気やオーラといった精神的な面を好きな理由として答える人が多かったのです。

海外での着物人気の秘密の裏側がわかってきましたが、このインタビューを通じて、もうひとつ面白い発見がありました。これは、私自身の主観ではありますが、どこのメディアでも語られていないことだと思いますので、ここで共有させていただきます。

私がインタビューを通じて発見した面白い事実。それは、「着物」には二つの受け入れられ方があるということです。

基本的に私がインタビューした現地の人は、私たちメンバーに記念撮影やハグを求めてきた人たちです。インタビューの最後には「着物を試着しますか？」と聞いていたのですが、〝試着をした人〟と〝試着をしなかった人〟では、「着物」に対しての受け入れ方に違いがあったのです。

◉着物に和の精神を感じる外国人

まずは、試着しなかった人ですが、この人たちは**「着物はエンターテインメントである」**と考えている傾向が感じ取れます。

これが何を示すかというと、まだ日本文化に関しての理解が浅いということです。ジャパンエキスポでも記念写真を撮っておしまいで、「着物」の試着をすすめても「着る」という選択肢に至らず、細かい説明も聞いてはくれませんでした。

あくまで、「着物」を物珍しいエンターテインメントとしてとらえている人たちも多いのです。

次に、試着をした人ですが、この人たちは**「着物は身も心も美しく整えてくれる精神的なもの」**ととらえている傾向がはるかに高いと言えます。

日本文化を自分なりに調べて、「着物」についてもある程度の知識を持っているのです。試着をすると、自身の着物姿の写真を撮るなどして、とても満足そうにしています。色合いや、生地の質感についての質問までしてくる人も少なくなく、日本人以上に着物への愛着が深いと思えたほどです。

もちろん、この試着してくれた外国人たちの中にも、「着物」はエンターテインメントであると考えている人もいるでしょう。しかし、彼らはそれ以上に「着物」に対して、**洋服にはない、精神的な奥深さ、美意識といった神秘性**を感じています。ですから、高いお金を出してまで購入してくれるのです。

◉着物を着なくなった日本人

海外での盛り上がりに対して日本ではどうかというと、着物業界は右肩下がりの大変な業界です。ピークは昭和五〇年ごろで、そのころの市場規模は一兆八〇〇〇億円。それが近年では三〇〇〇億円規模と、六分の一にまで縮小しています。

なぜか？

日本人が着物を着なくなったからです。

着物を着なくなった原因についてはいろいろありますが、その第一は昭和三〇年以降の高度経済成長期にライフスタイルが洋風へと変わっていったことです。所得が増え、巷では三種の神器《じんぎ》（テレビ・洗濯機・冷蔵庫）をはじめとしたモノがあふれるようになって、洋裁がブームとなり人々のファッションも変わっていきます。

そして、着物は徐々に一般家庭から姿を消していきます。

着物にとってまだ良き時代だったころのイメージとして浮かぶのは「サザエさん」。

磯野家では、「フネさん」は家で家事をするときも外出する時も着物です。普段着が着物なのです。そして「波平さん」は会社に行くときはスーツで、帰宅したら着物に着替えてリラックスして、ある時はカツオ君に「バッカモ〜ン」とカミナリを落とす。ちなみに、フネさんと波平さんは寝るときは和服の寝間着です。お隣の小説家の伊佐坂《いさささか》先生は着物姿で書斎にこもって原稿を書き、着物姿で犬のハチと散歩する。

着物は普段着として日常の中にありました。でもいまは、着物姿はよほどのことでない限り日常で見かけなくなりました。

洋服と違って着物は着るのに〝技術〟がいります。その技術は各家庭で親から子へと伝わっていましたが、洋装化、核家族化、若年世帯の都市への一極集中で一気に途絶え、いまその役割は街の「着付け教室」の先生方が担っています。

ここまで書けばもうおわかりでしょう。

いくら海外で着物が注目されているといっても、肝心かなめの日本人は、着物のことを知らないのです。わからないのです。着ないのです、着られないのです。

◉本当の日本人はいなくなる!?

かく言う私も、着物を着られない人の部類でした。のちほど詳しく紹介する坂本さんと出会う前までは。

今回、フランスのジャパンエキスポに現地参加することで、「着物」の持つパワーと人気を肌で感じることとなりました。しかし、着物の奥深さを十分に知らないがゆえに、エンターテインメントとしての側面でしか着物を見ていない人も多くいるということも知りました。

これは裏を返せば、まだ日本文化の理解が浅い層にも、エンターテインメントとして関心を持ってもらう可能性があるということで、潜在層として考えると凄いことです。この層を次のステップにつなげられたら、海外での「着物」の可能性は大きく高まることでしょう。

ただそのためには、日本人がいま以上に着物を着なければ恥ずかしい。本家本元の日本では「着物は着ないんだってさ」では洒落にもなりません。

昨今、外国人が僧侶になることも珍しくないご時世です。そのうちに、外国人の着物の先生から着付けを習う時代が来るかもしれません。

もしそんな時代が来たとしたら、その時「私たちは日本人だよ」と胸を張って言えるでしょうか？　国籍だけは日本人。ところがそれは住んでいる場所にすぎず、精神的にはどこの国の人間でもない、摩訶不思議な民族になりかねません。

これではまるで「仏つくって魂入れず」の状態になってしまうのではないでしょうか。

私はそんな懸念を抱いています。

◉「日本人とは？」の問いにあなたはどう答えるか

この懸念は、私の中では日本の、そして日本人の危機ともとらえています。

なぜか？　**それは、アイデンティティの喪失**であるからです。

着物に関して言えば、大半の日本人にとっては、日常に着物との接点がない以上、良い悪いの判断力も持ち合わせていません。見かけだけで「日本」のイメージとしてとらえていたところが正直言って私の中にありました。

ですから、世間では着物は「日本の文化」「和の象徴」と言っていても、私自身の心の中では、なんとなくあいまいで核心になるものを見出しにくかったのです。とにかく日常で触れていないのですから。

それに、衣食住では和と洋の他なんでもありの、ごった煮定食的な感覚の生活の中で、漫然と和食やJポップを受け入れている日常からは、何が日本の「核」なのかがはっきりとはわかりません。

ただ、海外に行くと必ずその部分が求められてくるのです。

はっきりと言えばこれです。

「日本とは？」

「日本人とは？」

◉着物は自らを律する心を養う

私はその答えをフランスで見つけました。フランスで羽織袴を身に着けることで。

そして、次のことにも気づきました。

「着物を着るということは、『日本とは？』『日本人とは？』について、千も万もの言葉を使って説明するより、いとも簡単に人を納得させる方法だ」

ということも。

衣服は人間にとって一番肌に近いもので、日本では昔から、着物はその人そのものを表す分身のようなものとして扱われていました。〝母の形見の〟という言葉にあるように〝心〟〝魂〟を受け継ぐものとして着物があったのです。

フランスで私が実感したのは、**着物を着たことで日本の〝心〟〝魂〟を体に宿したという感覚**です。そしてこの時、ハッと思ったのです。日本人が着物を着なくなったことで、

「元来、日本人みんなが持っていた〝心〟〝魂〟が、薄まってきているのではないか？」

「そして将来、これらは消えてしまうのではないか？」

――と。

某自動車会社の無資格検査問題から素材メーカーの性能データ改竄問題など、「ものづくり日本」の信頼を失墜させる出来事が二〇一七年に起こりました。食品偽装や産地偽装なども依然、消える気配はありません。いじめ問題にしても同じで大人たちの責任回避ばかりが目立ちます。

江戸時代なら切腹ものか、お家断絶に匹敵するこうした現象が絶えず起こるのは、私たち日本人の〝心のタガ〟が外れたか、見失ってしまったからなのではないかと思います。そして、この〝心のタガ〟が外れるのは、

「私たちが着物を着なくなり、体に帯をビシッと締める習慣がなくなってしまったからなのではないか？」

——そう思えてなりません。

不思議なことですが、着物を身に着けると自然と姿勢がよくなっていることがわかります。いえ、姿勢を良くしようと知らず知らずのうちに背筋を伸ばしているのかもしれません。体が自然に反応してしまうのです。

パリ・ジャパンエキスポでアンケートした外国人が着物に感じた「身も心も美しく

整えてくれる精神的なもの」とは、きっとこのような感覚だったのでしょう。

身も心も美しくするには内面を磨かなくてはいけません。着物は自ずと「自らを律する心」を芽生えさせるのです。

ところが、**日本人はそれを忘れてしまって「自らを律する心」を失っている。**だから不祥事が絶えないのだと思うのです。

◉羽織袴で世界に！――日本の男はこれに限る

着物の良さ、着物の持つ力を今回フランスで実感して思うことは、日本人はもっと着物を着るべきだ、ということ。普段の外出着でもいいし、家でくつろぐ普段着でもいい。女性も男性も着物を着る感覚を取り戻してほしいのです。着物を着ることで、普段の姿勢や立ち居振る舞いが〝整っていく〟ことを、体で感じてほしいのです。

特に男性には袴《はかま》をはいていただきたい。

袴の持つ意味について、フランスに行く前に、この本の共著者の坂本さんからたくさんのレクチャーをいただきました。

袴をはいて世界へ出でよ!

そして、これが私にとって一番のありがたいことだったのですが、坂本さんが**わずか一分ではける袴を開発**してくれたおかげで、**着る手間と時間を大幅に短縮しながら、誰でも確実にカッコよく、着崩れの心配なく過ごせる着物を手に入れることができた**のです。

これまで着物を知らなかった私が、いとも簡単に羽織袴姿に変身して、「日本人」になれたのです。こんなにワクワクすることってありません。スーツでは絶対味わえない「和」の感覚が簡単に味わえるのですから。

おそらく日本中の男性が気にかかり、苦手意識を持って着物を敬遠しがちなのが「着付け」でしょう。でもこの坂本さんの新和装「栄時（ＥＩＺＩ）」がこの〝難題〟を解決してくれました。しかも金銭的にもリーズナブルに。

これで日本男子の着物に対する障壁がぐんと下がったことは確かです。

特に会社の社長さんたち、リーダーたちにおすすめします。そして提言します。

「袴をはいて自らを律せよ！」

「袴をはいて世界に出《い》でよ！」

第二章

一流の人は着物を着こなす

着物は日本人の心を表す――
それはどういう意味なのか？

坂本洋平

私の会社には「役に立つ人になれ」という社訓があります。

これは、

「仁・義・礼・智・信」

のうちの「信」のことです。

「役に立つ人になるために最も重んずべきは『信』である」

そう書いています。


人は「信」を持たなければ、右へ左へと流され、自分を見失います。その結果、都合のいいように利用されたり、判断を誤ったり、人のせいにしてしまったりすることもあります。

そうならないよう、自分自身を磨くためにも、次に挙げる一〇の「しん」を身に付けることで、社会や地域のお役に立てる人になってほしいと念《おも》っています。

信……己を信じることからすべてが始まる

真……真実を見つめ、自分と向き合う
神……神人の心を持つ
心……心と対話する
親……親に感謝する
芯……目的からぶれない
清……清らかに
新……新しいことに挑戦する
身……体に感謝する
進……進み続ける

一流の人は、ぶれない自分を信じ、常に挑戦し続け、感謝することを忘れない。
そんな一流の人がしていることを、私の携わっている着物になぞらえてご紹介します。

一流の人は威厳がある

――着物と政治家

神奈川県の大磯町、相模湾を見下ろす高台の邸宅庭に、ある人物の銅像が立っています。袴姿に右手にステッキをもって相模湾とその先に広がる太平洋を見ているその銅像の主は、吉田茂。

吉田茂は大正末から昭和にかけて活躍した官僚・政治家です。彼の名は歴史教科書ではおなじみですね。戦前は外務次官や駐英大使などの要職を歴任。戦後はサンフランシスコ講和条約の締結をはじめ日本の復興に尽くし、平和にして豊かないまの日本の土台を築きあげた人です。

戦後の日本が、マッカーサー率いるGHQの支配下にあるなかで、国の威信をかけた真剣勝負の日々を過ごす吉田茂を映した写真の中に、着物姿で葉巻を手にしてくつろぐ姿のものがあります。

吉田茂は着物を好み、公私ともによく着ていたといいます。

羽織袴に白足袋がトレードマークで、その姿に当時のマスコミは「白足袋宰相」と評したそうですが、これはやっかみ半分、敬意半分を込めてのことだったのでしょう。

白足袋は、第一礼装（黒紋付羽織袴）で身に着ける最も格の高い足袋です。普通の感覚では男性の場合、普段着は黒などの色足袋です。でも吉田茂の場合は白足袋を普段ばきにしていました。日常が第一礼装なのです。

また、これは最高に贅沢なことでもあるのです。白足袋は汚れやすいし、それに汚れた足袋で人前に出るのは失礼にあたるので、普段着で白足袋を使うとなると日に何度も履き替えなければなりません。

それだけ気を使う白足袋です。これだけでも白足袋を普段着としていた吉田茂の気持ちの根底にあるものが、少しだけですが想像できる気がします。

戦後の混沌とした時期にあって、日本のリーダーとして毅然とマッカーサーと対峙するには、想像もつかないほどの胆力が必要だったに違いありません。

そして日本人としての誇りと尊厳。

「礼装の白足袋で常に自分を律し、肝をすえてことに望む」

吉田茂にとっての白足袋には、こんな意味が込められていたのではないでしょうか。

そして日本人としてある種の威厳や風格をも醸し出すことで、アメリカを相手に強い意志と対等な立場を表現したのではないでしょうか。

人は見た目が大事といいますが、単に格好良くという意味ではなく、身を包む衣装によって自らの心を引き締める意味で、「氣」を入れることもあると思います。「氣」を自らに生み、気力を整えて相手と対する、それが着物の持つ力でもあると思います。

吉田茂の白足姿をいまに想像すると、激動の近代日本を生きた明治人としての「気骨」とともに、「仁・義・礼・智・信」という日本人の根幹にある「和魂」をもって生きた人であったと思います。

「戦争に負けて外交に勝った歴史はある」

これは吉田茂の言だそうですが、一人の日本人としての強い念《おも》いが込められているように思えてなりません。

一流の人はアイデンティティを大切にする

――着物が持つ力

「日本人である以上、日本の着物が一番似合うわけですよ、本来は。和服を着て行けば、たとえばぼくの場合、紋付といかないまでも、袴をつけて縫紋の羽織を着てきちんとして行けば、どこへ出ても、たとえ外国の国王に会ったっておかしくないし、また自分自身も引け目を感じないわけですよ」

これは『鬼平犯科帳』でお馴染みの作家・池波正太郎さんが『男の作法』（新潮社）というエッセイのなかで書いている着物についての私評です。

グローバル社会の現代では、海外で仕事をする、海外の方とビジネスを進めていくのは大企業だけの話ではなく、地方の中小企業の方でも身近になっています。

海外で仕事をすると、「日本人」としての自覚とアピールが必要だということが、よくわかります。西洋の方には東洋人の、特に日中韓の細かい見分けはつかないのです。

そこで「そもそも日本人ってなんだ?」ですが、外国人が見てあれは日本人だ!と一発でわかる方法があります。

それが着物です。それも羽織袴を着ていれば完璧です。

日本人に一番似合うのは、池波先生の言う通り、「着物」なのでしょう。着物姿の日本人は男性も女性も、とても凛々しくて美しい。

私自身の経験からも、着物の威力は明白でした。

日頃から羽織袴スタイルで通している私は、所用でアメリカのダラスに行った時も、日本にいる時と同じように羽織袴スタイルで通しましたが、びっくりしたのは空港の入国管理官さんの対応でした。

入国審査で並んでいた私を、前の人が終わって「さあ私の番だ」と思った瞬間、

「カッモォ〜ン」

と言って大きく手を振り「来いよ、待ってたぜ、相棒!」みたいなノリで迎えてくれたのです。他の人に対しては、粛々と無表情で時折り厳しい目線を送っていた人なのですが、私に対しては一転、まったく違うリアクションだったので正直面食らいました。

なぜかなと考えていたのですが、この身なりしか理由が浮かびません。以前、ロス

に行った時はごくごく普通の洋装で、その時の管理官さんはやっぱり〝普通に〟無表情でした。

入国審査は「OK！ OK！」、ニコニコ笑顔でらくらくパスです。手荷物検査でも同じで、「日本人カイ、イイヨイイヨ 行キナ（もちろん英語で）」と、それだけ。

いくらなんでもそれはないだろうと思いましたが、空港を出ると「日本人でよかった～」という感動と感情がどっと湧いたのを覚えています。そこで感じたのは、先人の方々のおかげで「日本人はこれほど信用されているんだな」ということでした。日本人が悪いことばかりしていたら、こんなふうにはならなかったに違いありません。

太平洋戦争中に行われた日系人の強制収容など、暗い過去もありましたが、それを払拭するくらいに現地の日本人の方が力をつくした結果、いまの日本像、日本人のイメージがある。ですから感謝しなければ、ということを痛切に感じました。

日本人としての誇り。羽織袴は日本人としてのアイデンティティそのものです。

一流の人は見えないところにお洒落する

——男の美学

男性の和服姿は、どこか凛とした気配があって、着ていると実に清々しい気持ちになります。

無地の単色が多いので、織りや染めなどで、素材自体にこだわり抜いて楽しむのです。

一流の人ほど見えないところにも心を配ります。

たとえばそれは、表からは見えない長襦袢や羽織や着物の裏地です。そこに個性を出して、さり気なくチラッと見える。そんなこだわりに、世の女性は心打たれるのです。これは昔も今も変わりない、男の色気なのではないでしょうか。

見えないところで個性を出す。これを「裏勝り《うらまさ》」ともいいます。

「裏勝り」というのは、裏地に表地よりも高価な生地を使ったり派手な絵柄を施したりすることで、いわば「見えないお洒落」です。

その名の通り「裏で勝つ」。

男のかっこいい着こなし方のひとつです。

一流の人は所作にやさしさの源をみる

――畳の縁《へり》は縁《えん》につながる

畳の縁《へり》は踏まないように、と言われたことはありませんか？

お呼ばれしたお宅で和室に通されたとき、ふと思い出して足先がぎこちなくなったという経験をされた方もおられるでしょう。

畳の縁は踏むな、の理由には諸説あって、これはと限定できるものはありませんし、そもそもこれが正しいのかも不明です。ある礼法の先生が書かれた本のなかでも「そのような決め事はありません」とおっしゃっていますし。

ただ、着物を着ている人は、単に「いけないんだよ」「踏んでもいいんですよ」という作法としての良し悪しの話ではなく、「なぜ踏むなと言われ始めたのか」を考えて、自分なりの答えを持つことを大切にされています。

なぜなら考え方ひとつで、「和」の本質と日本人としての感覚を、自覚できるようになるからです。

私はこう考えています。

畳の「へり」という字は「縁」。これは「えん」とも読みます。

「へり」は「えん」にかかわるから大事に扱うように、と。

昔の日本家屋は、サザエさんの家のように、縁側《えんがわ》がある家が一般的でした。

縁側というのは庭に面した廊下のような空間で、そこで布団や座布団を干したり、日向ぼっこをしたり、ご近所さんとお茶をしたり、さまざまな使い方をしていた空間でした。そして、ここが大事なところですが、その縁側には、それぞれの部屋を〝つなぐ〟という役割があったのです。

そう〝つなぐ〟です。

この縁側に接しているのが、和室にある畳の縁です。

畳の縁を踏んでしまうことで、

「縁をこわすことになってはいけない」

「せっかくの良いご縁を踏みつけにしては申し訳ない」

だから、

「畳の縁は踏まないようにして、ご縁を大事にしましょうね」

ということになります。

こんな縁起担ぎのような話は、ほかにもいろいろあると思います。

しかし、ただ単にルールとして受け取るのと、なぜ踏まないよう伝え継がれているのかを考えて相手のお宅におじゃまするのとでは、心のありようがずいぶん違ってくるように思います。

まして、婚礼のご挨拶といった最上級のお祝い事の場では特に。


縁はさまざまです。縁は目に見えないものですから、いつどんな形でおとずれ、そして切れてしまうのかわかりません。

ですが、こうした所作のもつ意味を含めて動作を身に付けていくと、日頃から様々のご縁があることに気づくことにもなります。そしてそのご縁を大事にしていこう、感謝していこうという気持ちにもつながっていくのだと思います。

所作のひとつひとつに、あなたの〝やさしさ〟が表れているのです。

一流の人は人生の節目となる式ごとを大切にする

――祝いごとでの正装「羽織袴」の意味

皇室に伝わる儀式のひとつに、着袴の儀《ちゃっこのぎ》があります。平成二三年一一月三日、悠仁様が皇族男子としては四一年ぶりとなる着袴の儀に臨まれました。

この儀式は平安時代から皇室に伝わる儀式で、皇室の子が数え年で五歳になると行われます。天皇から贈られた袴《はかま》を初めて着るお祝い事です。親王（男の子）の場合は、碁盤にのって飛び降りるという儀式を、この時、行います。

男女とも三～七歳ぐらいのころ、初めて袴を着ける儀式があったのですね。これがいまの七五三の原型と言われています。

男の子が五歳、女の子が三歳と七歳に行ういまのスタイルになったのには諸説あり定かではありませんが、ここで考えておいていただきたいのは、何で「袴」なの？ということです。

もうひとつ現代では定番のお祝い事が成人式。

成人式の原型は平安時代の公家の儀式の「元服式」で、男子が成人し、髪形、服装をあらため、初めて冠をつける儀式で、これが後年武家にも広まり「儀式化」しました。

現在のようにセレモニー型の儀式になったのはごく最近のことで、ひと昔前までは成人のお祝い事は地域ごとに格式を持って行っていました。その面影は栃木県日光市の「川俣の元服式」に見ることができます。

〈儀式の座には、紋付羽織袴姿に威儀を正した新成人者である子分が、正装した後見人親分夫婦の前に座します。親子固めの盃をかわし、続いて血肉を分けた仲になるという縁起から、生魚を親分子分で食べ分けます。この間、長老たちによる謡い「高砂」「四海波」が朗々とうたわれます。〉(「日光ブランド」ホームページ内「川俣の元服式」より抜粋)

ここでの正装は紋付羽織袴。

こうした人生の節目節目にはく袴には、神様や自然、父や母、先祖や周囲の方々などすべてに礼をつくすという意味があります。

また、袴の五本の襞《ひだ》には「仁・礼・信・義・智」の五つの徳を積む人格者であれということが込められていて、袴をはいて正装するということはすべての方々に礼を言う心を示すということになります。「襟を正す」という言葉がありますが、それ以上の意味合いで「決意」を表すものです。

何気ない「袴」ひとつのことですが、こんなことを知っていれば、わが子の子育てにも自ずと真剣味が増すというものです。

しっかりした身なりで「氣」を引き締めることはよくあることです。まして「袴」には日本の歴史や精神が込められています。

七五三や成人式に限らず式ごとには、人生の節目を大切に祝うとともに、これからの人生の指針が込められたものが多くあります。

簡略化することも時代の流れなのでしょうが、祝い、指針を持ってこれからの人生を歩む念《おも》いは大切にしていきたいものです。

一流の人は「格」の意味を知っている

——日本人の「控えめ」の具合を理解

最近はパーティーに着物を着て行く人が増えています。慣れた人はパーティーの「格」をご存知ですから、その「場」に合った装いを自分でコーディネートできる知識と経験をお持ちでしょう。

着物選びに難しさを感じられる方は、着物や帯の〝格〟や着て行く場のルール（TPO）が原因かもしれません。選び方を間違うと恥をかくとか、面倒だとか……。でも、基本的に相手に敬意を表すということを考えておけば、そんなに難しくはありません。ご自身が主役で着る訪問着や授与式や要人がお見えになる改まった席での紋付羽織と袴は、晴れやかな印象を与えます。

招待されたパーティーでは、主役を立てて控えめなコーディネートを心がけます。日頃から目を養っておくとか、パーティーに出席されるのであれば、事前にどんな趣旨のパーティーなのか、どんな人が来るのかなどを主催者の方に聞いてから着物を決めるようにするのがよいでしょう。

たとえば、お花の発表会で歴代の先生方がお見えになるという席では訪問着を着て行くとしても、その場で「私も主役」と思って着て行くのか、「先生方を祝福したい」ということで着て行くのか、気持ち次第で着て行く着物の選択は違ってくるものです。

相手を想い、讃える場では一歩控えた着物を選ぶ。

伺う場や人の品格に合わせたコーディネートを心がけます。

私が相談を受けたときにするアドバイスは、

・どういう立場で行かれるのか？

・どういう場なのか？

まずこの二つのポイントをお聞きしてから、ご本人はどういうものが好きなのか、華やかさを演出するのを好むのか、あるいは粋好みかなどを併せて判断しています。

着物にはその方の「気持ち」「心遣い」「やさしさ」がにじみ出るもので、一流の人は一目で着ている方の「意図」を読み取ることができるのです。

着物にはその人の品格が表れる

一流の人は着物の基本を知っている

――伝統と継承～伝統の時間軸を感じながら

地酒などで一般的に話題となる産地。実は着物にも、伝統を継承し今もそれが土地土地に息づく産地があります。

そしてその産地にも特性があります。

知識として産地がわかっていると、身に着ける方の気持ちも違ってきます。手間ひまをかけた良質なものを着ているという意識とともに、着物と帯が合わさって地域の文化を身にまとっているという高揚感——これは着ている人にしかわからない気持ちかもしれませんね。

たとえば、加賀友禅は自然をテーマにその面持ちを表現することに長けています。金糸銀糸を使わず、「加賀五彩」(藍、臙脂《えんじ》、草、黄土、古代紫)という自然色の五色を使って表現するのです。しかも写実的デザインで、虫に食われた木の葉もそのまま表現されています。

加賀の地には九谷焼という焼き物がありますが、そこでも「九谷五彩」という「加賀五彩」とほぼ同じ色彩があります。

自然の色の五彩には、陰陽五行でいう「木・火・土・金・水」にも似た不思議さがあり、昔の人は、自然の恩恵を受けた美に対する意識を持っていたのではないか、そしてその「念《おも》い」が今日まで伝わっていることの不思議と感動。

着物が持っている時間軸は、途方もなく長いのです。

その時間軸を絶え間なくつなげてきた地域の職人さんたち。

染めの技法はそれぞれの産地で多少異なりますが、図案作成から仕上げまで、十数工程の手間と時間をかけて作り上げるものですから、地域の職人さんたちの「念い」が生地の中に込められている点ではどこも同じです。もちろん生活の中に根付いた織物に関わる人たちも。

過去の時間からこれまでに、着物を通じてつながってきた人たちは一体何万人になるのか。伝統という名のもとに見知らぬ人々が重ねてきた〝時間〟、それに感動と喜びを感じながら着物を着るのも、日本人ならではの楽しみ方なのかもしれません。

何百年も前から受け継がれ、ここから何百年何千年と受け継いでいく伝統のほんの一コマを愛でることで、引き継いでくださった方へ感謝と、私たち自身が日本の文化を引き継いでいく決心をしていくことになるのかもしれません。

自然をテーマにその面持ちを表現することに長けた加賀友禅

一流の人が着物でみせる礼儀と覚悟

——着物ほど〝勝負服〟に合うものはない

リオ五輪の閉会式に小池百合子東京都知事が出席された時のことを覚えていますか？　小池さんは、「日本のおもてなしを最大限に象徴するもの」として着物姿で出席したそうです。

当日の小池さんは、淡い色合いに大柄の鶴模様のおそらくは三つ紋の色留袖に金糸の帯、セレモニーの本質を考え抜いてコーディネートした着物姿は、決して華美過ぎず、リオ市長やIOCの人たちと並んでも目立ちすぎず地味すぎず、相手を立てる装いは完璧。日本人らしい謙虚さと気遣いをみごとに表現されていました。

さて、この小池さんの着物姿にどれだけのメッセージが込められていたのか。

これを推察して答えられるだけでも、あなたの着物眼は相当なもので、どんなパーティーに出向いても、「あの人はもしかしたらこんな考えがあってこのパーティーに来ているのかもしれない」と、参加している人たちの心理を読み解くことができることでしょう。

あの閉会式での小池さんのメッセージ、まず、世界への東京アピールは当然のこと。日本人としての〝勝負服〟として、着物ほどぴったりする衣装は外にありません。

着物は日本の文化を伝える最適のツールで、その着物姿で実際に海外にアピールする小池さんの姿はとても感動的でした。小池さんの姿を見て、オリンピック選手が金メダルをとり日の丸が掲げられる時の感動と似た感覚があったことを覚えています。

そして、重要なポイントは雨。

着物をよくご存知の方は、「着物はよごしてはいけないもの」「雨の日は濡らしちゃいけないもの」という固定観念があるので、雨の中の小池さんの着物姿を見て、小池さんより着物の心配をされた方が多かったのではないかと思います。でもそんなことは当のご本人は重々ご承知のことでしょう。

それよりも、安倍首相とともに日本を代表して挨拶を行ったわけですから、雨ごときで「礼」を失するわけにはいかない、という〝強い決意〟を私は読み取ります。女っぷりが良すぎて、カッコ良すぎるくらいです。雨のなか、凛として、堂々と、五輪の旗を振っていた小池さん。同じ日本人として誇りに思えるようなシーンでした。

そして私が想像する小池さんの心中。ご自身には別の〝覚悟〟もあったと推察します。

都知事になって間もない小池さんにとって、五輪会場の見直し問題や関係する費用負担の問題、それに関連して築地の移転問題などなど、当時は東京五輪に向けて解決すべき課題は山積みだった時期。しかも都議会のパワーバランスも知事としてはやっかいな問題で、都議会選挙へ向けての思惑も頭の中にはあったはず。

雨の中、着物姿で旗を振る姿に、

「雨ニモマケズ風ニモマケズ」

と、都知事としてこの難関突破を覚悟した小池さんの、肚の座り具合を見た気がします。

そして小池さんの着物姿を見て思うこと。

女性はもとより、男性の政治家の方々も、国際舞台でここぞというときの勝負服として着馴れた羽織袴姿で、その肝の座り具合を世界に見せていただくことを期待したいです。

一流の人は作法の本質を知っている

——自分を高めるルーティーン

毎日着物を着る人にとっての着物は肌の一部という感覚でしょう。一方で着物を着馴れない方にとっての着物は、鎧甲冑《よろいかっちゅう》を身に着けるがごとく、重いものに感じているのではないでしょうか。

男性はまだ簡単でいいのですが、女性の場合、美しく着こなすためにはいろいろな〝関門〟があり、着始めの慣れないうちは微調整がうまくいかなくて、時間ばかりかかってしまうことはよくあります。

着物はきれいな布。着物は「着付ける」ことで本来の衣装として価値が出るもので、まさに着る人次第。でも、大変だなあという心の障壁を越えてしまうと、「着付け」のプロセスを楽しむことさえできてしまうのです。

着物を着馴れてきたころ、ある生徒さんからこんな感想を聞いたことがあります。「帯を締めた瞬間に、キリッと心も締まる感じが気持ちよくて気持ちよくて」だんだんと着ることに慣れてくると心の余裕もでき、着物を着ているうちにこれまで内向きだった気持ちがパッと外向きに変わる瞬間があります。

男性でも女性でも、帯を締めたあとにポンと帯をたたく癖を持つ人は多いですね。

「よし！」

「さあ！」

心の声が聞こえてきそうです。

着物の着付けは、ひろげて袖を通し、最後に帯をシュッシュと巻いてキュッと締めて結んで、という一連の決まった手順で進めていく、いたって単純なもので、慣れてしまうとその所作のひとつひとつが自分を見つめる、そして相手のことを考えるためのルーティンとなっていくのです。

着付けは「心を整える」プロセスでもあります。

着物を着馴れている方は、イライラしたり喧嘩をして怒ったりしているとき、「着ているうちに気持ちが静かになる」と言われます。

これは、着付けの途中で無意識に呼吸を整えているからです。姿勢を正して左右を合わせるとか、長さを合わせるとか、帯を巻くときに胸やお腹を膨らませたりすぼめ

着付けは心を整えるプロセス

たりしながら締め具合を調整するなど。これを何回も繰り返しているのですから。

スポーツ選手がここぞというときにやるポーズ、ルーティン。着付けのプロセスも同じようにルーティンをこなしているのです。

着物を自分で着られるようになる、というのは、自分自身を見つめる「禅」や「瞑想」にも似た時間を持つことと同じ、というと大げさでしょうか。

〝着物時間〟を楽しみましょう。

一流の人は美にこだわる

――着物という芸術美

着物以外の伝統工芸品にもいえることですが、

「いいものには飽きがこない」

これはまったくその通りだと思います。本来、着物はひとつひとつ違うものなのですから。染める、織る、それぞれの工程の中で職人さんたちの手が加わります。「良いものを」「喜んでくださるものを」という職人さんたちの「念《おも》い」も加わります。手仕事で作られるものは、同じものはない。世界に一つだけのものを身に着けることができるのです。

その一枚を見つけるために着物をたくさん買う、ということではありません。〝美〟に対する目を養う機会を持つということが大切です。

着物が好きな方は芸術にも関心が高く、ゆえに本物を見る目も確かになっていく、ということです。

着物と芸術・美術との接点はもともとあります。お茶やお花を始めるので着物をという方、発表会や展示会に足を運ぶ機会も自ずと増えることでしょうし、地域芸能やお祭りなどの文化的な行事は「和」の装いが欠かせませんから。

こうした日常の中から〝美〟に触れていく、〝美〟の感覚に接しておくということは誰にでもできることです。

作品が作られていく工程や伝え継がれた知恵、それを上まわる創意工夫を知れば知るほど、自分の人生にも活かせるヒントがたくさん隠されていることに気づかされます。

こうした〝美〟への好奇心が経験値となり、人生を豊かにすることは間違いありません。

目の肥えた人になる。

着物にも、〝美〟にも。

着物好きの方は自然とそうなっていくのです。

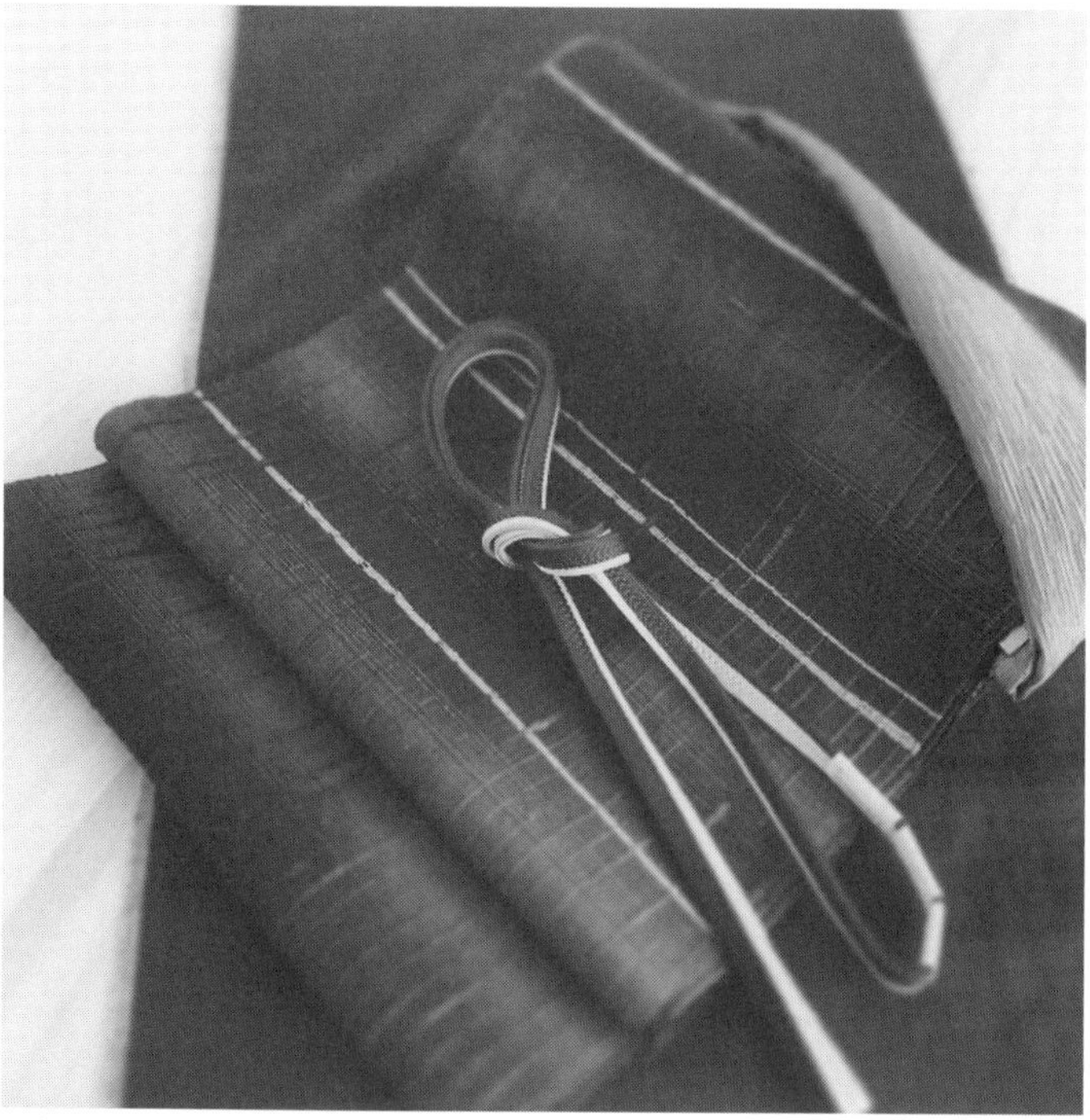

日常の中から美に触れていく伝統工芸品

一流の人は礼儀の本質を知っている

――着物に日本人のＤＮＡが宿る

着物を着ると、着ている人が少ないこともあって、とかく注目されやすいのです。ですから、特にあらたまった場での作法や所作が気になるという方は多いですね。

所作や作法は着こなしにプラスアルファされて、その方の雰囲気や個性を表すことになるので覚えておいて損はないものですが、形だけを覚えるのではなく、「日本人として礼儀作法の本質を考えたうえで身に付けていくもの」

これが「礼儀」だと私は思っています。


その本質とは「なにか?」ですが、古来日本人は、上下関係とか身分とか、様々な人間関係の下で、その場に適した行動をとることが必要でした。目上や目下、格上や格下それぞれの立場で、相手に最も心のこもった、礼をつくした行動をしようとした結果が現在の、礼儀作法、マナーへとつながっていきました。

これは日本人が人を思う気持ちを大切にしてきたという、日本人特有の〝品〟の表れでもあるのです。

西洋の礼儀作法・マナーは、例えば握手は、利き手を差し出して武器を持っていないことを表す行為だったといいます。西洋のそれが自分の身を守るためだったのに対して日本の礼儀作法・マナーは、相手への気遣いの精神からくるものです。そしてその気遣いの精神の源流は、聖徳太子の十七条の憲法にある「和を以て貴しとなす」にあるのではないかと思っています。

また日本人の「礼」は、自分とかかわるあらゆるものが対象になります。人だけに限りません。例えば神社で参道の中央は歩かず左右の端を歩く作法は神への敬意を表すため。そのほかにも、「自然に対して畏敬の念を持つ」から「物を大切にする」ということまで。これは、突き詰めれば「礼」というのは、広く言えば道徳、狭く言えば自分自身の精神修養のようにも思います。

余談になりますが、私はよく神社にお参りに行きます。殿内に上がって正式参拝をさせていただくこともたびたびありますが、その時、神職の方の姿勢、足運び、袖の扱い、そしてお辞儀など、その立ち居振る舞いを拝見していると、我が心も洗われてどこかすがすがしい思いになることができ、あの空間はとても気に入っています。もっとも神職の「礼」は神様に対するもので、この世で最高の「礼」ですから、当然と

着物を着馴れてくると、自然にその動作がやさしくなる

言えば当然ですが。

この日本人の「礼」は、当たり前のことですが着物とともにありました。ですので、着物を着ることで「礼」を表すことにもなるのですね。

着物は日本人のＤＮＡともいえるでしょう。

その証拠に、着物を着馴れてくると自然に動作がやさしくなっていることに気が付きます。

歩き方ひとつとっても、洋装での歩き方は、女性でも結構荒々しい歩き方をしていますが、着物を着ると、袴をはく場合は別として、着流しの男性や女性も歩幅は洋服と違って狭くなり、意識せずに静かな動作に近づいているはずです。

「礼」は自分自身と向き合うことでもあります。

だから着物を着た時には大いに反省してみましょう。

「人にやさしくできてるかな」と。

第三章

すてきな人は着物美人

着物はそのたたずまいだけで、
着ている人の心を表す。

坂本洋平

ここからは、私のまわりにいる素晴らしい女性たちから学び、感じたことを書かせていただきます。

私はよく夢を語ります。

そしてその夢を多くの方と共有し、皆様が笑顔を絶やさず幸せでいてくれる形へとつなげていきます。

その夢を形にしてくれたり、すでに実践し、大きく羽ばたいていてくれたりする方たちは、とても前向きで、学ぶことを生涯し続けている人たちです。

そして、こうした方たちは、手本、見本となるすてきな人であり、ご自身もすてきな人生を歩み、人にもすてきな影響を与え続けておられます。

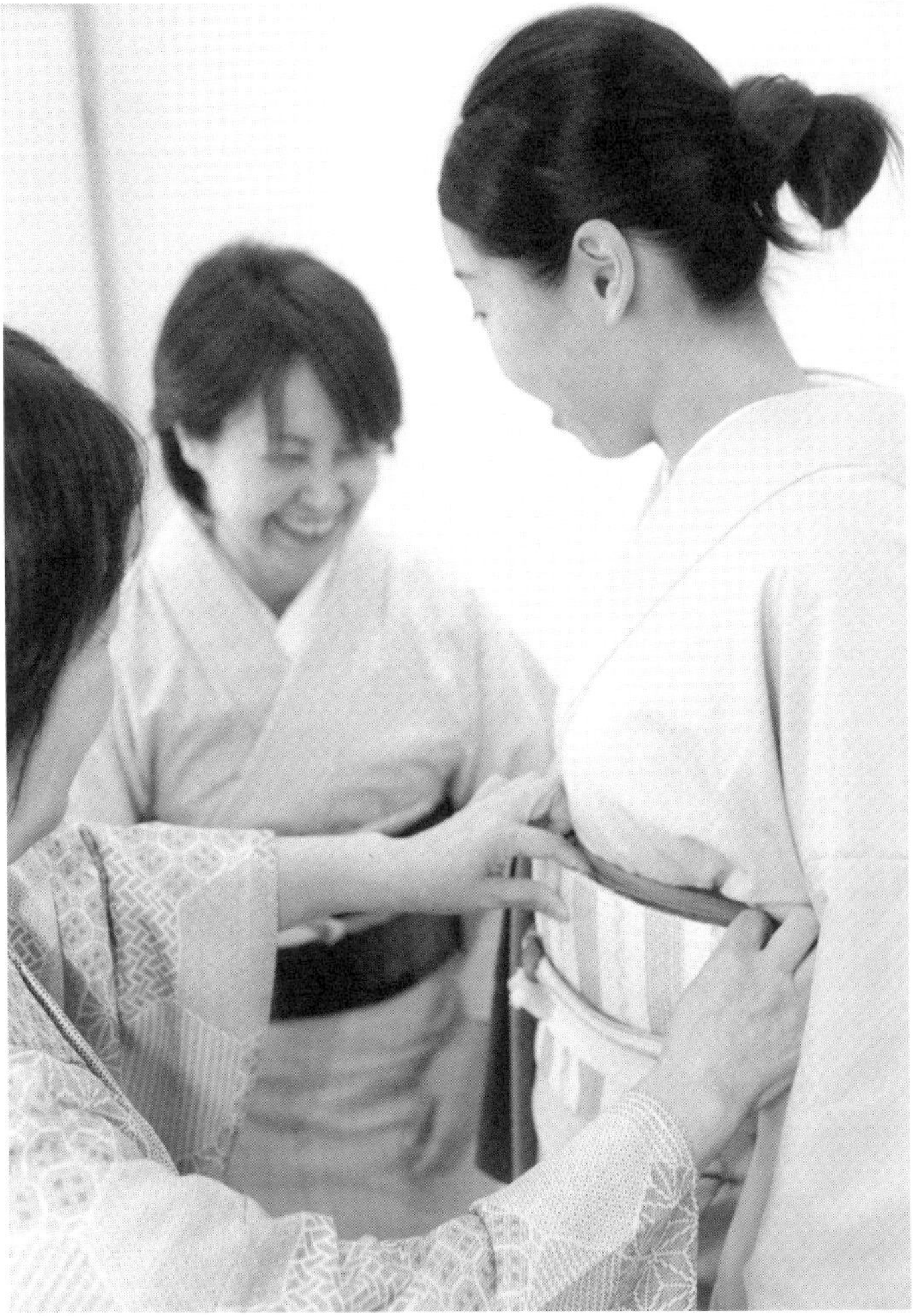

すてきな人は、人にもすてきな影響を与える

すてきな人は人生を豊かにする方法を知っている

――日常を特別な一日に

私のまわりには、着物を着て一人で出かける方がたくさんいらっしゃいます。お寺巡りやショッピング、ランチや映画館へも。

もちろんデートにも着物、という方もいらっしゃって、以前、彼氏の家に着物で行った時は、ご両親にビックリされたけれど、「自分で着付けをしたんです」と言うと、感心されて気に入っていただけたそうです。

また、着付け教室に通い始めて笑顔が増えたことから、ご主人から「行っておいで」と応援されるようになったという奥様とか、着物を通してのエピソードを皆さんからいっぱい教えていただきます。

着物は女性を良い方へ良い方へと変えていく、不思議な力があると私は感じています。

ある奥様――。着付け教室に入られたはじめのころは、お化粧もせず、エプロン姿でお店にいらっしゃっていた奥様が、教室が進むにつれて、次第にお化粧をされ始めて、お洋服も赤いワンピースを着て、というふうに美しく変わり始めたのです。

どうしてそんなに変わったのかというと、理由があります。最初は自分が着られたらいいという自分のこと（内のこと）を考えて着付けを習い始めるのですが、進級を重ねて、今度は他装、すなわち人に着付けをすることを習うようになると、「内のこと」から「外のこと」（他人）を考えるようになるのです。

その瞬間を迎えた方たちは、それはそれはすてきな笑顔とともに、最高に魅力的になっていかれるのです。

私はそんな変身の瞬間と出会うのがとても楽しみです。

私は「着物は人生を豊かにするもの」と、皆さんにお伝えしています。

人生の、日常の一日を一生記憶に残る一日にする着物。

今は着物を普段着として着る方は少なくなりましたが、普段着ているだけで、人から褒められ、信頼と親しみやすさを醸し出す着物。

そして特別な日に着る着物。人生の節目や記念となる日に着る着物は、自分をより美しくし、華やいだ場を演出し、相手を敬う気持ちを伝える最高のアイテムになります。

庭を花で飾る方は、四季咲きの花に手間ひまをかけ、花を愛で、見る人を楽しませてくれます。

同じように着物も、手間ひまをかけることを楽しみに変えると、自分だけではない、見る方をも幸せにする効果があるのです。

そのうえ、自然の恵みで作られた着物は、体に優しく、三代、四代と続けて着ることができます。着付け教室のあるスタッフは、小さかったお婆さんの着物を、帯や袖なし羽織に仕立て替えて着ています。創意工夫で家族の思いがつながっていくのです。

こんな着物のある風景が、もっともっと広がってほしいと思っています。

すてきな人は憧れを持ち続ける

――着物への思い

着付け教室に来られる方に、アンケートをさせていただいています。なぜ教室に来られたのか、そのきっかけは何ですかと。

ここ一〇年間に多かったのは、次のような回答です。

「母から着物を譲ってもらったから」

「家に着物があるから私も着たい」

でも最近、ちょっと変わってきたなと思います。こんな答えが多くなりました。

「自分で着物を着たいから」

最近の生徒さんは、着物を持っていない、家にもないという世代の方が多くなってきて、着物を着たいのだけど教えてくれる人がまわりに誰もいないから教室にきた。そういう人が増えてきているのです。

これはどうしてなのかなと考えているのですが、想像するひとつには「心に余裕を求める人」が増えてきたのではないかと。

例えば女性の方であれば、子どもさんの手が離れたころとか、仕事をされている方であれば、ご自分のポジションが上がって人を指導する立場になった方だとか。そういう節目をきっかけに、着物を、という方が増えているように思います。年齢的には、四〇代、五〇代、円熟味が出てきた方たちで着物を着る方が増えているように思います。

もちろん若い方でも着物が好きな方は多いですが、若い方の多くはファッションのひとつとして身に着けたいという思いとともに、自分で着られるようになりたい、という気持ちを持っていらっしゃる。

円熟味世代の方々は、子育てや目の前の仕事に追われて忙しかった時期から、次のステップへ向けて心が一段上がったところにいるからでしょう。自分をちょっと変えてみよう、自分の魅力を探してみようとの気持ちからのようです。

私の言う余裕というのは、時間とお金、それと身に着けたいという気持ちとしての余裕。洋服でなく着物を身に着けたいというのは、着物への〝憧れ〟が、日本人のどこかにあるからかもしれませんね。

着物業界のアンケートでわかったことですが、着物未経験の二〇代、三〇代のおよそ四割の方が「着物を着てみたい」という願望を持っておられるのです。

日本人が着物を着なくなった理由に、ルールが細かくてめんどう、着るのに専門知識が必要でめんどう……といっためんどうなことは避けようという思考が広まっていることがあるでしょう。もちろん値段とか経済的な面もありますが……。

「簡単で早ければいい」「時短よ、時短」という価値観に重きを置いている人が多いなかで、手間と時間のかかる着物に憧れを持っていただいているのは、業界の人間として心が洗われる気持ちです。気持ちよく着物を着られる環境にしていかなければと、決意を新たにしています。

着物への思いをぜひ持ち続けていただきたいと思っています。

すてきな人は着物を通して想いを知る

——着物がつなぐ親子愛

女優の樋口可南子さんが著書の中で、ある日、お母さんから手渡された七五三の時の着物のことについて語られています。

〈プーンと樟脳のにおいがして……。正直いうとこの着物のことはほとんど覚えてないの。でもこの樟脳のにおいを嗅いでいるうちに私が生まれ育った町は新潟の加茂という町で、冬になると空が低くてどんよりしたお天気が多かったこととか……〉（『樋口可南子のきものまわり』清野恵理子聞き書き、集英社）

ふるさとの光景を思い出すとともに樋口さんが語るのはお母さんへの感謝の気持ち。

「そしてなによりもうれしかったのがこんなに長い間、母が大切にしまっておいてくれたということ。だって、このちっちゃなきものについている胴裏にはしみひとつないんです。そのくらい大事にしていてくれたということでしょ」

「若かった母のことをかんがえると、なんだかとてもいとおしくなる」

私は常日頃、着物はタイムカプセルですよ、とお客様や生徒さんに言っています。

一枚の着物が時を経て、どこかで過去の記憶を持ってきてくれる。そんな瞬間が必ずある。その瞬間、懐かしくもあり切なくもある。

成人式の着物、結婚を機に箪笥と一緒に持ってきた着物、小さい時の七五三の着物……。親が子に作る着物には、親御さんの「愛」が込められています。

娘のことを思って「しあわせになってね」と。むろん言葉でも伝わるのですが、言葉はすぐ消えてそのうち記憶からも消えてしまうこともあります。けれども、着物はずっと形あるものとして残っていく。

最近は、お金で、そして車も、電気製品もと、モノを持たせて娘を送り出すことが多いでしょうが、着物ほど捨てられないモノはないのではないかと思います。電気製品や機械モノは、壊れたり古くなったりすると、捨てて新しいものに買い替えます。

でも、「着物は捨てられない」。

そういう方はたくさんいます。なぜって、思い出と両親の〝愛〟が着物に宿っているからです。愛する人からの贈り物をぽいっと捨てられる人はいないでしょう。それと同じことです。長い間箪笥に眠っていた着物でも、子育ての時期が過ぎ、時間も経済的にも落ち着いてくる四〇代、五〇代になった時、ふと着たくなるのですね、お母さんが作ってくれた着物を。

私の着付け教室に来られるキッカケの多くに、親となってあのころの母と同じ年代になってあらためて母の〝愛〟に気づいたから、という方はたくさんいます。そしてお母さんから作ってもらった着物をいとおしく思うようになる。

親の愛を着物に託して受け継いでいく、という日本の家庭のスタイルはいまも健全です。お客様から、

「この着物を作っておいてよかったわ」

と言ってもらえた時のうれしさといったら、これぞ着物屋としての役割を果たせたというか着物屋冥利につきるというもので、胸の奥がジンとなるのです。

洋服は消耗品ですが、着物は消耗品ではありません。究極をいえば、先祖の思いが込められたお守りみたいな存在です。だから大切に扱っていただける。大切に扱うから次に受け継がれる。着物を通じての〝愛〟の循環がこの先もずっと続いていく。

そんなご家庭が増えていくことを願っています。

すてきな人はコーディネートを楽しむ

——着こなしのコツ

着物を着馴れてくると、どのように装うかが楽しみになってきます。

そういう方のためにコーディネートのコツをお教えしましょう。

それは、その時の一ヵ月から二ヵ月くらい先の季節の色合いを考えてコーディネートをする、ということです。

例えば、二月、三月くらいに帯締めを合わせるときには四月色、桜色を合わせる。春になったら次の季節、五月の新緑のグリーン系。五月、六月であれば夏の空色のブルーとか夏の花ヒマワリをイメージした色など。

合わせ小物は季節の先取りをするのです。これは季節感を皆さんに楽しんでいただくという意味も含めて。このコーディネートの面白さは、自分だけでなく相手への気遣いも含んでいます。

「持っている着物の数が限られるなかでコーディネートするには、どうしたらいいですか?」という相談もたびたびあります。

その時にはこうお答えしています。

・「いまあるお着物に帯締めと帯あげといった小物を変えるだけいいんですよ」
・「着物は三枚あればいいです。袷《あわせ》の着物と単衣《ひとえ》の着物、夏の着物、この三種。この三枚あれば基本は十分です」
・「普段から着るのであれば、季節ごとに二枚三枚ずつそろえるというのもいいかもしれません」

そして次に多いのは婚礼時の相談ごと。

その時の私のよくするアドバイスは、お友達の結婚式に出席されるのであれば、明るめの着物を着て行って思いっきり楽しんでくださいということ。

結婚式と披露宴は基本的に内容が違います。神前結婚式などは両家の親族があらたまってご挨拶する場、そして二人が神様の前で誓いをするという厳粛な場です。こうした式ごとに関しては紋が入った着物や正装が原則。披露宴はその名の通りお二人を「披露」をする場なので、呼ばれる側の方は礼装でなくてもいいのです。

よく結婚式のお祝いの席には「小紋は格が下だから着て行くのは失礼よ」という方

がいます。しかしいまの時代、着物はもっと自由に楽しむべき日本の衣装だと思うのです。

国家元首に会うとか、ノーベル賞の授賞式に出るとか、皇室の園遊会に招待された、という場合はそれなりの装いをしていくべきですが、日常の式ごとでお友達の幸せを皆さんで喜び合う場であれば、窮屈なルールは二の次でいいと思います。

紬にちょっと華やかな帯を結んでいったりです。場に合わせて誰に喜んでもらえるかを基準にコーディネートをされるといいと思います。

こう考えると多少のルールはあるにしても、そのなかで楽しむ自由が結構あるというのが着物の面白さではないでしょうか。

すてきな人はコーディネート上手

——着こなしで人を喜ばせる

着物で相手を喜ばすことができます。笑いで人を喜ばせるのとは違って、心からすてきと思ってもらえる、魅せることで喜んでいただける。それが着物の魅力です。そして着物は相手に敬意を示すという謙虚な気持ちも同時に表すことができるのです。

教室の生徒さんに聞きますと、着物を着ているといろんな方から声をかけられるそうです。女性同士だと本当によくあることで、

「いいお着物ですね」

「お似合いですね」

と、電車に乗っている時、商店街を歩いている時、レストランで食事をしている時……いろんなところで声を掛けられます。

着物を着ていると声をかけやすいのでしょうね。着物を着ている人はやさしそうなイメージ、品がある、そんな印象を持たれやすいですから、見知らぬ方でもコミュニケーションを取りやすいのでしょう。

あるお客様にパーティー用に訪問着をご購入いただいたのですが、その方が後日おっしゃるには、

「皆さんに大変喜ばれたわ」

「これを着て行ったおかげでいろんな方から声をかけられたわ」

「そのパーティーを華やかにすることができたわ、ありがとう」

――です。

その方の着物は、黒地の訪問着で、肩から裾にかけて桜の花が流れるように描かれていました。それに白系の西陣帯で合わせて、それはそれは見事に着こなしていらっしゃいました。

その日は全国から選ばれて表彰されるということで、その方は主役です。主役としてその場を華やかに印象付けるにはどんな装いがいいのか、わかっておられたのですね。

色や柄の意味を理解されてコーディネートしていくその美的感覚はプロ顔負けのお見事なものでした。

こうした着物の着こなしに長けている方は、着物を普段から愛用されていますし、自分らしさを出す方法として着物をきれいに見せることをご自分なりに研究されています。

何のための集まりなのか。

そして誰が来るのか。

その中で自分の役割は何か。

事前にストーリーを頭の中に描いて、装いを選ばれる。着物を美しく着こなすには、その場に合わせてコーディネートされるのがベストで、そのためにはご自身の「美」への思いを表現豊かに表すことが大切です。

そして自分が着たいものを着るのではなく、その場にふさわしい装いを優先して着物を選ぶ。自分が主役の時、相手を立てる時、場を華やかにする時、すべてに敬意を持ってコーディネートをする。

着こなし上手は自分の選択眼を常に磨いているのです。

すてきな人は花になる

――着物と所作は一心同体

着物はとてもシンプルな衣装です。シンプルであるがゆえに動作のひとつひとつが目立ってしまいます。かっこいい、かっこ悪いが一目瞭然なのです。

たとえば、滅多に着ないという方の歩き方は正直言って少しぎこちないです。逆に言えば歩き方を見るだけで、着物を着馴れている人かそうでないかがわかります。

着物を着馴れている方の所作は大変きれいなのです。

着付け教室は着付けだけを教える場ではありません。私の着付け教室では所作の基本もお教えしています。

普通の歩き方（足はこび）や急ぐときの歩き方はもとより、室内・室外から階段、エスカレーターの使い方まで、着物を着たときの日常に必要な所作を十分身に付けていただきます。

着物と所作は一体と考えています。そして体に馴染んだ所作は、着ている着物をさらに美しく見せることになります。

いつも思うのは、知っているのと知らないのとでは、また身に付いているのとそうでないのとでは、美しさに雲泥の差ができるということ。所作のひとつひとつがその人の丁寧さを表すと言いますか、やさしさを醸し出す。それが「きれい」につながっていく。着物の面白さはここにあるのだと思います。

着物を着ると、腕を振り回すとか大股で元気よく歩くというような、大きな大胆な動きはしなくなります。その分逆に、小さく無駄のない動きに自然となっていくわけです。

ですから着物を着馴れている人の動きはとても〝静か〟です。ひとつひとつの動作に〝音〟がない、あってもごくごく小さい音でしかないのです。

例えば、

・お茶はすっと置く
・カバンやバッグはそっと置く
・扉は音を立てずにそっと閉める
・歩くときはしずしずと

――などです。

「立てば芍薬《しゃくやく》、座れば牡丹《ぼたん》、歩く姿は百合の花」

これは美しい女性の容姿や立ち居振る舞いを花にたとえた言葉です。女性の着物姿は綺麗で華麗な花そのもの、これはどなたも実感できることでしょう。私も心からそう思います。

最初は歩き方もぎこちなかった生徒さんが、所作も身に付き教室を巣立っていくころになると、まさにこんな花のような姿になっているのです。

すてきな人は型に忠実

――着こなしは「品《ひん》」がものをいう

歌舞伎の一八代目中村勘三郎さんがおっしゃっていた、こんな言葉があります。

「型があるから型破り、型が無ければそれは形無し」

勘三郎さんは、生前にニューヨークで「平成中村座」を上演するなど、新しい歌舞伎の姿を目指して様々な新しい取り組みをされていました。そんな勘三郎さんを取材しに来た記者さんに言った言葉がこれです。

この言葉には、「〝型〟を意識して大事にしながらも、〝型〟そのものを超える発想を持つことが大事である。でも、そもそも基本が何もなければ何も生み出せない」という意味が含まれています。これはどんな世界にも当てはまると思います。

茶道や華道、柔道や弓道などなど「道」の世界に限らず、私たちの日常でも、仕事の段取りや結婚式などの式ごと、普段の着物の気こなしにも通じる言葉です。

「型」というのは基本中の基本を意味します。建物でいうと土台ですから、これ以上大事なことはありません。ふわふわしている安定しない土台の上に家を建てることはできませんね。それと同じように、型を知らずに、型を体得せずに何事も次の成長はありません。

着物の着こなしも同じように、最初の「型」の習得が肝心です。

最近の若い人の着物姿を見て思うのは、ファッションとして自己流に気ままに着るという傾向があるのかなぁと。

着物を着ることで醸し出される美しさは、決して表面上の見える範囲だけのものではありません。その人の持つ「品《ひん》」が着物を通じて、雰囲気、たたずまいとして出てくるのです。

しっかり「型」を身に付けた方は、やはり「上品」なのです。

「型」を身に付けたとき、隠れた品位が醸し出されてくる

すてきな人はいくつになっても学び続ける

——着物は知恵と知識の宝庫

魅力ある方は、いくつになっても学び続けています。前向きに新しいものを取り入れていて、それがまたまわりを元気にする、そんな感じがします。

勉強といっても本を読むとかカルチャー教室に通うことだけではありません。日常の道具を使いこなすための学習もこの中に入ります。

例えば、スマートフォン。

着付け教室に来ている生徒さんで、七〇歳を過ぎた方、九〇歳に手が届きそうな方もいます。でも姿勢もきれいでシャキッとしていらして、とてもお元気です。

そんな方々もＬＩＮＥやフェイスブックを楽しんでいます。

おうちの方やお孫さんたちと指先で会話を楽しんでいらっしゃる姿をみると、とても魅力的に見えるのです。そして〝かっこいいなぁ〟〝すごいなぁ〟と。

お年を召されるとこうした〝機械モノ〟はどうしても遠慮がちになって、最初から「できないわ」とあきらめている方、はなっから関心を持たない、やってみたらどうですか、とすすめても拒否反応を示す方が多いようです。

でも、うちの教室に通われている方は皆さん、好奇心旺盛で素直。

私にも、

「ちょっとちょっと、これ、どうしたらいいの、教えて」

とアイフォンのことで質問を受けることもあります。

とにかくなんでもチャレンジする方が多いのです。

こうした前向きの気持ちを持っている人たちは、お食事会の席でも、

「おいしい、おいしい！　ほんとにおいしいわぁ」

と、ものすごく楽しく時間を過ごされていますね。


それなりに人生経験と知識が豊富で、これまで辛いこともたくさんあったことでしょうが、そんなことでも楽しみに変えるくらいに卓越しています。かえってこちらが元気をいただいています。


着物を着ることが学びに通じる。これは確かだと思います。

着物のデザインや歴史と伝統、染めの知識、織りの知識など、着物にまつわる学び

人生経験豊かな人は学びの楽しさを知り、自身の生活も活き活きしている

ごとはエンドレスです。

たとえば着物の文様であるとか素材であるとか小物であるとか、着物にかかわる職人さんを含めたモノづくりをひとつひとつ突き詰めていくと、目には見えないけれども〝ものすごいもの〟を着ているということがわかってきます。

知識欲旺盛な方にとってこれほどワクワクするものはないでしょう。

着物を楽しんでいる方が魅力的に見えるのは、着物の持つこんな奥深さがあるからなのだと思います。

ご自分の人生をより活き活きと過ごす。着物姿にその心意気が表れます。

第四章

生みの苦しみを乗り越えて

対談◆新和装　栄時（EIZI〈えいじ〉）開発物語　I

中野博×坂本洋平

中野　私が主催する信和義塾大學校では、帝王學講座という経営者の定期学習会を行っており、坂本さんはこの帝王學講座のメンバーです。

信和義塾は日本国内だけでなくアメリカや東南アジアにも教室があり塾生がおりまして、こうした塾生の交流の場として「信和義塾サミット」を開催しています。島根県の出雲大社からスタートして、福岡県の大宰府天満宮、滋賀県の彦根城とサミットを進めるうちに「今度、伊勢神宮でサミットを開くので、正式参拝するための羽織袴《はかま》を塾の〝制服〟にするから坂本さん、よろしく」と声をかけたのが、「栄時（ＥＩＺＩ）〈えいじ〉」が生まれるきっかけとなりました。

日本の伝統文化の象徴でもある着物。着る人が減少して着物産業自体が元気を失いかけているなかで、坂本さんは**「着物産業を未来ある産業にしたい」**という強い念《おも》いを持ち、果敢に挑戦をし続けている人です。そして、柔和で穏やかなたたずまいからは想像もできないくらい、熱い情熱を心に秘めた熱血漢です。

ここでは、坂本さんとの対話を通じて、その念いの一端に触れてみたいと思います。

ニュース記事(2016年)

●国内初　短時間に誰でも簡単に着ることが出来る袴の開発に成功

和文館株式会社（本社：滋賀県彦根市、ブランド名・栄時（EIZI〈えいじ〉）では、いままで十分程度かかっていた男性用袴をわずか一分で着ることが出来る商品の開発に成功、六月末から全国で発売します。

最近、日本固有の着物文化が徐々に衰退、着物を着る機会も少なくなってきました。その原因として、着物を着る煩雑さと手入れのコスト高があります。和文館（株）では、二年前からこの問題解決に取り組み、開発を進めてきましたが、このたびその商品化に成功しました。冠婚葬祭はもちろん、普段でも気軽に袴を着てくつろいだり、気分を変えておしゃれな外出着としても活用できます。

商品の特徴、着方の順序は以下の通りです。

1、Tシャツスタイルの下着を着る

2、その上に上衣を着る、わきを作務衣ベルトで留める

3、袴をはく、袴ベルトをワンタッチで留める

4、袴ベルトを前に回して完成

また、袴のわきには携帯、財布を入れるポケットがあり、男性用のズボンと同じように小便用のファスナーも前についています。一般のクリーニングも可能です。

栄時（EIZI〈えいじ〉）を纏った共著者（坂本）

◆――誇を作るなんて想像もしてなかった

中野　栄時（ＥＩＺＩ〈えいじ〉）って粋な名前ですね。帝王學の授業でもお馴染みの「**時を得るものは栄える**」ですね。

坂本　そうです。時を得るものは栄える。実は〝えいじ〟というのはおじいさんの名前の栄次と同じ音《おん》なんです。

名前を考えていた時に、祖父のことがふと頭に浮かんだのがきっかけです。創業当時より弊社には神棚があり、毎日社員が榊の水を換え、水玉入れの水をコップに移し替えて毎日私の机の上に置いてくれています。その神棚に手を合わせていた時でした。

「あっ、そういえば家系図があったな」と。

私の家は、十数代までさかのぼれる家系図がありまして、そこには宗之進や喜兵衛など、昔の人らしい名前が並んでいたのです。かなりさかのぼったご先祖様の中に、栄治という方がおられたんです。シンプルなお名前だったので目に留まったんですね。この栄《さか》えるという字に魅力を感じて、じゃあ私は「栄える時にしよう」と。帝王學で学んだ「時を得るものは栄える」の言葉をこの袴にこめて、オールエイジということで、いつの世もつながっていきたいなと。

中野 いずれ塾生の方々と伊勢神宮に正式参拝しようと思っていて、ならば正装するべきと思っていたんです。私も「神社の最高峰の場では和装だな」という気持ちがあって。ところが羽織、袴がなかった。そこで**簡単に着られる和装、日本男児のための羽織袴**を、とお願いしました。坂本さんは、最初は躊躇されていたようですけど(笑)。

坂本 いま、思うと、中野さんから言われるまで、私の頭には袴なんて発想がなかったんです。片隅にもなかった。「袴ねえ」という感じで、正直その時は「へえ~」という感じでした。

中野 片隅にもなかったということは、商売にはならないなと?

坂本 袴はいまの時代、はく人はもう一部の人しかいない、という感覚でした。商売は女性向けでしたから。ですから作るにしても私は無理だから、メーカーさんや取引先に「簡単にはける袴をつくってほしいんですけど」と私のほうから他人にふるというか、そんなことを思ったのです。

中野 メーカーさんは、どのような対応でしたか？

坂本 やはり「はぁ～」という感じで、思いっきりスルーされました。

中野 自分で作る覚悟ができたのはいつですか？

坂本 二〇一五年六月の信和義塾の博多サミットで、中野さんが「来年は伊勢サミット（信和義塾大學校の特別行事）で袴を着るから坂本龍馬みたいなかっこいい袴をつくってくれ」と言われた時です。「みんなで制服の袴で行くって決めたから」と。その時に腹をくくりました。人にお願いしてもまったく動いてくれないし、これは自分でやらなきゃいけないなと。ゼロからスタートですよ。

中野 その辺の苦労話はたくさんあると思うんですけど、女性に比べると華々しいものでもなく、需要を考えた時に、社内から反対とか異論だとかは出ませんでしたか？

坂本 うちの右腕の社員が私と一緒にサミットに行って中野さんの話を聞いてえらく感動しましてね。その社員が「絶対に袴を作らないとだめですよ」と。ほかの社員は「なんのことだろ?」でしたが。社内に共感者がいたことは私の励みになりました。

中野 作ったはいいけどそのあと売れるかどうか、心配はなかったですか?

坂本 残された時間があと一年とちょっとしかなく、カウントダウンが始まって、もう「自分で作らねば!」という、ただただ使命感だけがあった、という感じです。儲ける儲けないは別、まず作る。でも「どうやったら作れるんだろう」と。

中野 ある意味それで目が開けたというわけですね。それで、どんなことから始めたんですか?

坂本 まず、京都の霊山歴史館(東山区)というところにある坂本龍馬の像を見に行って、「**坂本龍馬はどんな袴をはいていたんだろうか?**」というところから勉強を始めました。全国から簡単にはけるという袴を取り寄せてみたりもしました。デザインの仕方もわからないので、デザインの仕方の本と道具を買いに行って、というところからです。

後日談ですけど、最初のころデザインして帝王學の教室に持っていったら反応が薄かったです。下手だったんですねえ(笑)。袴ができたあと塾生の方に聞いてみたら、

着物を着て対談する共著者(左・坂本、右・中野)

皆さん言っていました、「あの時のデザインよくなかったねぇ」と（笑）。
でも、その当時の皆さんの声があったからこそ「栄時」の原型ができたんですね。
皆さんにはとても感謝しています。

中野 開発にあたって坂本さんがこだわったところは何ですか？

坂本 素材というか生地ですね。**生地にこだわれ**、といろんな人からアドバイスを受けていました。ペラペラしたものではなく、**着ている人に「誇り」を感じてもらえる**ような。しかもリーズナブルに。なので、ブランドスーツによく使われている生地を使って作ろうと。

中野 確かに、それなりの質感は大事ですよね、神様にご挨拶しに行くのですから。

坂本 そうですね、**敬意をはらう、という心のありかたが和装の根本**のところにありますから。ただ、私は着物のことはわかるんですけど、洋服のことはさっぱりなんです。例えば着物の反物の幅は一尺、約三八センチです。ひとつの着物を作るには三八センチ幅の一二メートルから一三メートルの生地が必要です。スーツの生地は幅が一五〇センチ幅とか一四〇センチ幅とか、いろんな規格がある。私はそんなことすら知らないという状態だったんですよ。

◆——生地つながりの不思議な「縁」のはじまり

中野 本当にゼロからのスタートだったんですね。

坂本 ある日、帝王學が終わったあと、生地探しに会場を出た時のことです。その日はちょうど霧のような細かい雨が降っていました。会場を出たちょうどその時、普段はタクシーなんて走ってない通りに、黄色いタクシーが来たんです。

「ラッキーだなあ」と思い、乗ってから運転手さんに聞いてみたんです。

「東京で有名な生地の問屋さん、どこかありますかね」

と。すると、

「え、何でです?」とちょっと驚かれたようだったんですね。

「いやね、生地が欲しいんです」

「どんな生地が欲しいんですか?」

スーツ生地とか、と説明すると運転手さんが、

中野　「私、半年前までは生地問屋に勤めていたんです」

なんと！　マジですか！　って心の中で思って。

「馬喰町《ばくろちょう》というところが生地の問屋さんが集まっているところなので馬喰町に行かれたらいいですよ」と。

私はとにかく着物のことしか知りませんから、洋服業界の専門用語から仕入れの仕方から価格帯とか取引の仕方とか、その運転手さんが教えてくれたんです。タクシーの運転手さんが、タクシーを止めて、料金メーターも止めて。

坂本　偶然とは言えこの出会いって運命的ですね。誰かが仕組んだ？（笑）

不思議なことはこれだけじゃないんですよ。そのあと取引先に行って商談を終えて、「馬喰町へ行きたいんですけど、ここからは近いんですか」

と。私はまったく土地勘がなかったので。その時いたのは日本橋でした。

「何をしに行くんですか？」

ってそこでも聞かれて、

「生地問屋さんを探しに行きたいんです」

「じゃあ結構大きな生地問屋さんを知っているので紹介しますよ」と。その方が車で連れて行ってくれたんですよ。そこは一階から五階まで全部生地のフロアという大きな生地問屋さんでして、その生地問屋さんはいまでも「栄時」の上衣の生地で取引させてもらっています。

中野 その日のうちに生地問屋さんに出会えたわけですね。ちなみに袴を作るときに使った生地は通常の着物の生地ではなくて、何だったんですか?

坂本 ブランドもののスーツ生地で、その生地問屋さんは大阪にありました。袴に関しては大阪の問屋さんで仕入れさせていただいています。ダンヒルとかランバンとか、スーツにもいろんなブランドがあることをその時に知って。スーツブランドは知らなかったので、そこからの勉強でした(笑)。

中野 袴を作るためにスーツの世界に飛び込んだ、という感じですね。スーツの生地で和の世界を作ってしまったんですから。スーツ用の生地の方がよいという結論だったのですか。

坂本 そうですね。生地の仕入れの方法もわからないなかで、聞いてみるといけるなという感覚はありました。納期が六月だったので時期的にも暑くなる時期で、サマーウール系のスーツ生地で大丈夫だろうと。

◆もう一人の熱血、「青山先生」との出会い

中野 生地は手に入れて、今度は実際に作るほうですね？

坂本 見本を作らないといけないのですが、袴を縫えるところがなくてですね、困りました。着物を作る和裁士さんは普通の和装関係のものしか縫えないんです。

中野 袴って和装じゃないんですか？

坂本 和装なんですけど、しょっちゅう作るものじゃないんで、作れる人はもともと少ないんですよ。普通の和裁士さんにオリジナルの袴を作ってくれと言っても縫えないんです。で、洋裁の人は、和裁のことはまったく知らない。和裁と洋裁はまったく違うんですね。これも初めて知ったことです。

中野 和装と洋装、似ているようでいてずいぶん違う業界なんですね。その課題はどうやって解決したんですか？

坂本　いろんな縫製工場に片っ端から電話して、紹介もしていただいて、遠いとこでは仙台まで行きました。
いろいろ探してここもだめあそこもだめ、万事休すかと頭を抱えていた時にうちのお店が入っているショッピングセンターにズボンの丈直しとか、サイズ直しをされるところがあって、そこの方に相談したら、「いいよ、つくってあげるわよ」って。
えっ！　こんな近くに？　びっくりしたというかホッとしたというか……。

中野　灯台下暗《もと》しですね。その方はどんな方なんですか？

坂本　普通のところなら持って行ったらめんどくさがられるようなことでも、親身になって受け入れてくださる方です。昔から縫製の指導をされている超ベテランの方で、まわりからは「青山先生」と言われています。その青山先生が「縫ってあげるわよ～」と言ってくれて。しかも新しい袴のプロトタイプを作るときにも、「こういうふうにしたらどう？」といろんなアイデアを出してくれながら、縫ってくださったんですね。

青山先生がおられなかったら「栄時」は完成したかどうか。

中野 袴を一分で、それこそズボン感覚ではけるようにするには、アイデアが勝負ですからね。アイデアをその方が出してくださった？

坂本 そうです。ゴムを利用することも青山先生が考えてくださって。袴は簡単に着られるといっても必ず紐を使うんですね。すばやく簡単に袴を身に着けるためには、紐を使わない方法を考えなければと、しばらく試行錯誤しました。当初ゴムを使うとしわが寄ったりして安っぽいし、カッコよくないよねという話もあって。そのたびに「こんなの考えてみたんだけど」って、青山先生が考えてきてくださる。

中野 情熱的な先生ですね。

坂本 そのほかにもデザイン的なことも。例えば袴ベルトでも礼装で使う十文字、普段の一文字の表し方の工夫とか、たくさん考えてくださいました。時には部品を買うために東京に行ってくださって「こういう金具があるよ」と仕入れてきてくれたり。なぜそこまでしてくれるんだろうと思うくらい良くしていただいて。青山先生には本当に感謝しています。

中野 この袴は（自分が着ている袴を指さして）特許を取っているんですよね。

坂本　はい、**青山先生が「これは特許取ったほうがいいよ」っておっしゃってくださって**……。

◆――次は縫製工場、さて間に合うか？

中野　これでプロトタイプはできた。次は工場探しですか？

坂本　そうです。私はこの**新しい袴を滋賀県の産業にして地域に貢献したい**と思っていました。ですから滋賀県で縫いたい。そこで滋賀県のあらゆる縫製工場に電話をして工場に訪問したりして。私は洋装の業界を知らないから結構法外な値段を言ってくるところもありました。

ようやくいけるかなという縫製工場さんが見つかり、笑顔で「いいよ」と言ってくれ、約束の日に行ったらできてなくて、「まだですかねぇ」と尋ねると「こんなの縫えるわけがないだろ！」と。説得してお願いすると「いいよ、縫ってあげる」と言ってくれるんですが、そのあとしばらくしたら「もうやめる」と。その繰り返しが続いてもうあとがない。

確か一一月くらいだったですね。もうぎりぎりの段階です。

一着作るのに、一カ月かかると言われるんですけど、結局は二カ月かかっていたんです。

中野 どういうことですか？

坂本 約束した時からだいたい一カ月後に上がってくるというか。工場ですからラインのシフトが決まっている。袴は数が少ないし手間もかかるしで、それに合間にしか縫えないよと。それでよければ縫ってあげるよと言ってくれていまして。青山先生に型紙を作っていただいて、縫製工場に型紙を納めて、製作をお願いしました。

最初はやり直しとかも多くて、

「袴なんぞ縫ったことがないので縫い方がわからん」

「どんな糸を使ったらいいのかわからん」

――こんな状態で、内心びくびくしながら現場とやり取りをしていました。それでも全然製品が上がってこなくて、何回も何回も縫製工場に伺って、納品する約束の日までもうあと少ししかない。そんな状況が続きました。

中野　サミットが六月なので、塾生が注文をし始めたのが前年の一一月から一月にかけてでしたよね。三月か四月ごろにはもう手に入っていると塾生の方は思っていましたね。

坂本　縫製工場からは、「大丈夫大丈夫、動きだしたら大丈夫だから」って言われて、私は、「そうですか」って言うしかなかったです。ご心配をおかけしてしまいました。最終的には工場さんの頑張りに助けられご納品することができました。皆さんに感謝しています。

中野　それは本当にご苦労様でしたね。結果的には六月のサミットに間に合わせていただきました。ありがとうございます。

坂本　袴を作るようになっていろんな業種の方とお会いして感じたのは、未来に不安を抱えているのは「着物業界だけじゃないんだな」ということです。生地屋さんもそうですし、縫製工場さんもそうですし、いろんなところが業界の行く末を悲観気味にとらえているなと思います。ですから微力ではあるけれども、夢と希望につながることをひとつひとつ実践していきたいと、あらためて思いました。

私は着物業界しか知らなかったので、視野が狭かったし、見方も偏っていた。この新和装プロジェクトを通じて、業界の本質的な部分とか、大事なことを教えていただいたんだなと思います。

中野 坂本さんの作った袴はセンセーショナルだったんじゃないですか? こんな便利でカッコイイ袴を体験したことはありませんでしたよ。

坂本 着物業界に関してはインパクトがあったのではないかなと思います。ただ縫製工場さんに関しては、継続して何千枚とか発注できるものではないので、まだまだこれからかなと。もっともっと**日本の文化のことや着物が持っている魅力を、いろいろな場で伝えていかなければいけないい**と思っています。

第五章

袴には日本人の精神が宿る

対談◆新和装　栄時（EIZI〈えいじ〉）開発物語 Ⅱ

中野 博 × 坂本洋平

中野 日頃から坂本さんは新開発された袴をはいています。袴をはいて街を歩き、新幹線に乗り、レストランにも行き、居酒屋で酒を飲む。袴姿は武士の時代なら当たり前の風景ですが、現代の日常ではほぼ見かけることはありません。私たちの日常から袴が消えたいま、日頃、着ている坂本さんだからこそわかることがあると思います。ここではちょっと堅いテーマですが、坂本さんの声を借りながら、袴と日本人の精神性とのつながりについて考えていきます。

◆侍の気持ち＝自分を律する気持ちになる

中野 坂本さんの「袴」への念《おも》いをあらためてお聞きしたいと思います。坂本さんが実際に袴を身に着けるようになって感じたことは何でしょうか？

坂本 一言で言うと〝**見られている**〟です。とにかくいろんな人から。侍も見られているという意識の中にいたのだと感じることができました。昔の人は普通に着物を着ていましたが、その中でも袴をはいている人はお侍さんですから。
「手本になる人」、お侍さんはそういう対象だったんだなと思うようになりました。

中野 模範になる人というわけですね、お侍さんは。

坂本 そうです。**見られているので、道理・道徳に合わないことはできない、そういう立場にある。**だから自然と自分を律することになる。袴をはいているとそういうお侍さんの気持ちに近づいていくのが実感できます。

中野 どういうときにその〝気持ち〟になりますか？

坂本 例えば道路を渡るとき。あそこに信号あるけどちょっと遠いなぁという微妙なところで、袴をはいていると信号のない道路は渡れないんです（笑）。

中野 なるほど、同感です（笑）。

坂本 あと、歩きつかれて壁にもたれてとか、楽な格好でぐたっと休むとかもできませんねえ、したいけど（笑）。

それから、新幹線に乗った時、座席に座って足を組んで背もたれをマックスまで倒す！　なんてことは絶対できませんね（爆笑）。

中野 見られているんですもんね。カッコ悪いことはできないなとは私も感じることがあります。ということは政治家や人の模範になる人、企業のトップに立つ人は袴をはかなきゃいけませんね。不祥事をなくすためにも。

坂本 そうですね。袴をはいているとただ歩いていても見られているので、視線がどこにでもついて回りますから。皆さん一週間ほど袴をはいてみると、〝見られている〟〝手本となる〟を体感していただけると思います。

先日、選挙の時ですが、私の子どもが言っていました。どこどこの党の人が信号無視していたよと。信号が赤だったのに渡ったと。小学生はちゃんと見ているんだなあと、あらためて感心しました。

そして、**見られるということは自分を律するということ、「仁・礼・信・義・智」を実践していく手本になる人につながる**んだなあと、つくづく思いました（笑）。

「袴と誇り」——変えてはならないもの

新しい袴の研究開発を進めるうえで大切にしていたのは、変えてはならないもの、時代の変化とともに変えていくもの、それぞれを考え抜いて取り組むことでした。

袴は、衣偏《ころもへん》に「夸」という字を書きます。衣偏を言偏《ごんべん》に変えると、「誇り」という字になります。このつながりを調べていくと、袴には先人たちの念《おも》いが込められていることに気付かされました。

例えば袴の襞《ひだ》です。

袴には前に五本の襞があり、後ろに一本の襞があります。これは、袴を身に着けられる方が何を学ぶかによってもとらえ方が違います。

ひとつは、武士道の剣道や弓道、合気道をされる方が着用する袴。これは五倫五常「仁・義・礼・智・信」を身に付けることによって「誠」の精神を身に付けるとされています。これは儒教の教えで、新撰組の「誠」を意味します。

次は、神職の方が身に付けている袴。こちらは武士道とは順番が異なり「仁・礼・信・義・智」となります。この五つを身に付けることによって、「徳」が得られるとされています。この順番は、西暦六〇四年に聖徳太子が制定された冠位一二階の順番になり、道徳的理念の総称であり、人として守るべき五つの行動様式として先人たちより伝えられてきました。冠位一二階は、六段階を一二色に分けて、現在でも様々な所で使われています。

さらに、「日本人とは?」と問われた時。情が深く、礼儀正しくて、信用・信頼があり、正しい行いを守り、智恵がある。これが日本人であり、日本人の誇りでもあると定義づけができます。

現代でも、成人式、卒業式、結婚式に袴を身に付けるのは、「仁・礼・信・義・智」を身に付けている証やその精神を学んでいるという意味でもあります。

形だけにとらわれすぎず、その中に秘められた「心」を読み取る、先人たちが袴に込めた意味や念いを大切にしながら、二年という歳月を経て新しい袴を開発することができました。この袴に込められた〝意味・念《おも》い〟を知り、身に付けることで、日本人としての誇りと気づきを得られるものと、信じています。

中野　男性が袴をはく機会って、婚礼の主賓になるとき、仲人になるとき、くらいにしか思われていませんよね。私は坂本さんの袴を愛用していて、イベントやパーティーにこれをはいて出席することがあるので、袴をはく機会は普通の人よりは多いかもしれませんが、毎日のようにはいている坂本さんにはかないません。坂本さんのように〝ふつう〟に袴をはくようになるには、何が必要でしょう?

坂本　「〇〇の場面ではこういう格好をしないといけない」というように、はじめに型とかルールで考えてしまうと、はく機会は限られると思います。でも私みたいに毎日はいていると、普通にはいていいんだなと、そういう気持ちになります。
ただし、それには「覚悟」がいりますけどね。どこでもいつでも〝見られているぞ〟という覚悟が（笑）。

中野　それはとても同感できます。袴をはいた時は自然と腹に力が入って背中がまっすぐになる。心構えができると言えばいいですかね。

坂本　はい。見ている人の記憶には絶対残る。ですから、袴をはいて悪いこと、困ったことなんていままで何にもなくて、いいことの方がたくさんあります。

最近、いろいろな人が紹介してくださるようになってきたんです。

「和装のことなら〝あの坂本さんに〟って言われて来ました」

と言って、誰の紹介かはわからないけれども、着物を作りに来てくださる（笑）。

誰かが私を見ているんだ、そして巡り巡って私のところにやってくる。これはやっぱりこの袴のおかげだと思います。

中野　まさしく動く広告塔ですね。

坂本　実際に購買につながっていますしね。これからは一般の会社員にも着てほしいですね。たとえば営業訪問でこの袴をはいて行くことで、一回で顔を覚えてもらえますから。それに袴というのは礼儀正しい格好ですから悪い人のイメージはないですし、好印象で相手の記憶に残ります。

袴をはいて営業に行く。そういう格好で仕事をしていたら、絶対に嘘はつけない。約束も破ることはできない。武士に二言はないので信頼力は抜群です。

私もやっていますから誰か試してほしいなと思います（笑）。

中野　これを着て何を学ぶかということも大きいなと思います。着ているだけで何かを教えられている気がするんですよ。

坂本　袴には人として守るべき哲学が織り込まれていますね。

◆袴の持つ精神が受け継がれる

中野　そういう精神的なものが袴にはありますね。

世界に打って出たとき、着物は最高の「動く広告塔」

坂本　ですから明治の文明開化以降、女学校の設立の際に建学の精神がうたわれるようになった時に、社会の手本となっていた侍や神職の方がはいていた袴の持つ「仁・礼・信・義・智」の精神が受け継がれるよう、女学生も袴をはくようになったのではないか、と私は思っています。

中野　いまは卒業式でしか見かけませんが、当時の女学生の袴姿はそれこそ時代の流れを示すセンセーショナルなことだったのでしょうね。

坂本　それまで学びを許されていなかった若い女性たちが、学校に通えるようになったその新しい時代。役人をはじめ警察官や郵便配達夫まで、和装から洋装への強制転換があったんですね。皇族や侯爵や伯爵など貴族階級も「華族令」という法律で公式の場では洋装でなければならなくなった。

西洋文化をとるのか東洋文化をとるのかという、時代が変革していく中で、男性は第一礼装がモーニング、ダブルのスーツへと変わっていったんです。

中野　公式の場で男の礼服としての袴はなくなっていった。そのあとを受けて女性たちが袴を身に着けたという流れがあるんですね。

坂本　そうなんです。**お侍さんたちは袴を捨てなければならなかったけれども、袴はその後の女性たちにしっかりと受け継がれているん**ですね。女性も社会に出て活動的になっていくなかで、模範となる手本となる人たちの象徴として袴姿があったのではないかと思います。明治五年に開設された東京女学校の女教師や女学生の間では、男袴と下駄をはいていたそうです（『日本服装史』／佐藤康子著）。その男袴の着用が禁止されたあと、漫画の『はいからさんが通る』でお馴染みの女性専用の海老茶袴が開発されて女学校の制服の定番となっていきました。女性の袴ファッションは、歴史はまだ浅いですけど、日本人女性の和のスタイルとして定着しています。

中野　袴の文化をこれからどう伝えていくか、これが大切になってきますね。

坂本　着物人口が減っていく中で、誰がどう伝えていくか。着物の「型」だけでなくその精神をどう伝えるか。**袴をはく人たちは手本になる人たちだということを。日本人が日本人であることの誇りを形で表すとしたら女性は着物、男性は袴姿の和装に勝るものはありません。**

私は、この新しい「栄時袴」を作ることを通じて、日本の深い歴史と、現在がつながっていることを学ばせていただきました。そして、**形や目に見える物に頼りすぎず、身に着ける者が、どのような念《おも》いを持つかが大切**なのだということも、教えられました。

これから私は、この**「栄時袴」を通じて、日本人に誇りを伝えていきたい**と思っています。

第六章

着物業界を夢のある業界に変えたい！

対談◆和装学院・日本伝統技術インストラクター協会設立に向けて

中野 博 × 坂本洋平

中野　これまでのお話で、坂本さんの袴に対するこだわりが見えてきました。ではそんな坂本さんの仕事観といいますか、経営観について伺ってみましょう。日本人が着物を着なくなって着物産業自体が年々厳しい状況になっていくなかで、坂本さんはどんな念《おも》いでこの業界にかかわっていこうとされているのか、探っていこうと思います。

◆修業時代の学び、天職としての誇りの芽生え

中野　坂本さんがこの業界に入ったきっかけは何だったんですか?

坂本　一〇代の私はふらふらした人間で、両親に迷惑ばかりかけていたんです。「何か親孝行しなければ」と思い、実家は呉服屋で長男がいるんですけど、「私でなにか手伝うことができたらな」と思って、というのがきっかけです。そのとき両親から、「まずは修業に行け」ということで、まずは修業からのスタートでした。

中野　昔ながらの家業伝承のスタイルですね。

坂本　この業界には昔からそうなんですけど、いまでもありますね。丁稚奉公に行き、他

人の家の釜の飯を食って、枕を何回も濡らして帰って来いと。私が行ったのは岡山県倉敷の着物屋さん。そこに一九の時に行って三年間、一から教えていただきました。

中野 そこはどんな感じのところだったんですか？

坂本 その地域のお宅を一軒一軒回っていく訪問型で、振袖や黒紋付などのご提案をしていました。**買っていただくというより、まず着物を着る提案や意味を伝えていくことを、地道にやっておられる**ところでした。

中野 一番印象に残っていることって何ですか？

坂本 入社して一週間くらいたったころですかね。先輩が「ここに行ってこい」と。展示会の案内状とかいろいろ持たされて、人生で初めてのお宅訪問です。これまであやまる時以外、人に頭を下げたこともなければ知らない人としゃべったこともない人間がですよ。それがいきなり「行ってこい」と言われ、緊張してすごい汗をかきました。それにうまくしゃべれないんです。あの～とか。かっこ悪い話ですけど。

中野 何事もデビューの時はそうですよね。心臓がドキドキ、頭が真っ白……。

坂本　そうなんです。そのお宅の玄関で、奥様にパンフレット見せて焦っている私を見て奥様が「ちょっと待っててね」と言って奥からおばあ様を連れてこられたんです。おばあ様が杖を突きながら出てこられて「ああ着物屋さんか」と言いながら、二階に上がる階段に腰かけながらパンフレットを眺めておられる。

私はそのとき何を言ったのか覚えてないんですが、おばあ様が突然「行ってあげるわ」と展示会に来てくれることになったんです。

私は思わず「ありがとうございます」と言って飛び出して行って、気づいたらお渡しするはずの案内状を置いてくるのも忘れていて。あわててまた戻って「すいません、これお渡しするのを忘れていました」と。

それが私にとって人生最初のお客様になっていただいたお宅でした。

そのお宅には双子のお嬢様がおられて、奥様とおばあ様とお嬢様たちが展示会に来られて振袖を買っていただきました。うれしかったですねぇ。

中野　入って一週間で？　いいご家族に出会えましたね。

坂本　実は振袖を購入いただいた、この最初のお客様が私の人生を変えたというか。この仕事が天職だなと思わせてくれたお客様でした。このお客様には続きがあります。

その後、私が二年三年と修業していく中で、そのおばあ様は寝たきりになられ、お会いすることもできなくなりました。

でもある日、奥様が「ちょっとおばあちゃんに会ってくれるかな」と。では、ということでおばあ様が寝ておられるベッドのそばまで連れて行っていただきました。

そこでお孫さんの晴れ着姿の写真を一緒に見て着物のお話をして。

中野　何か坂本さんに伝えたいことがあったんですかね？

坂本　奥様が言うには、

「おばあちゃんはもう私の名前も覚えていないけど、振袖姿の孫の写真を見せるとすごく喜ぶんですよ」

「この着物よかったね、と何べんも何べんも」

「おばあちゃんはいろんなことを忘れているんだけれども、この着物のことだけは覚えているんですよ」

と。そして帰り際に奥様が私に言ってくれたんです。

「あなたがあの時、来てくれたおかげね。おばあちゃんとはそれまでは食事も別々で、しゃべることも少なかったけど、**あなたが来てくれたおかげで、おばあちゃんは孫たちともみんなで食卓を囲むようになったの、ありがとね**」と。

中野 それはあったかいお話です。坂本さんはそのご家族を幸せにしたんですね。坂本さんがきっかけになってその家族がひとつになったんだ。

坂本 お客様の家を出たあと、**着物って人からこんなに感謝されるものなんだ。この仕事って楽しいなぁ。人に感謝されて一生記憶に残る。これは私の天職**だなぁ、と心底、思いました。そのご家族の人生のなかで本当に「よかった~」と言われるようなお手伝いができたということで、この仕事はすごい仕事だなと、誇りに思えるようになりました。それが修業時代の忘れられない喜びです。

◆「君たちに未来はない」と言われ……

中野 坂本さんが二〇〇七年に独立していまの会社を始めるまでは、ご実家のお手伝いを？

坂本　修業から滋賀県に帰ってきて五、六年、実家の呉服屋で働きました。うちの家業は商店街の中にある呉服の専門店で、本店と二つの支店、合わせて三店舗。従業員は二十数名くらいで。最初は長浜支店の店長を任されました。

中野　そこではどんな仕事をしていたんですか？

坂本　チームリーダーとしての仕事全般です。新規の顧客開拓の企画から営業の数値管理、もちろん営業も。当時は、訪問を主体にお客様を開拓して展示会に来ていただくというスタイルが主体で、数値管理はそのベースとなります。営業さんごとにお客さんの訪問数とそこで何を話したか、展示会などイベントの来場数、来場率、買い上げ率や買い上げ額を管理していく。もちろん私も営業をしていて、新規顧客開拓のために飛び込みを含めて毎月一五〇～二〇〇件くらいの訪問をしていました。

中野　着物産業がいまよりはよかった時期ですけど、当時は将来の心配はありませんでしたか？

坂本　私が実際に訪問活動していてそのころ感じ始めたのは、着物の話ができなくなってきたなぁ、ということですね。訪問してよしんば玄関のドアを開けてくれたとしても、「着物はいらないわ」って言われるんです。「着物なんてどこで着るの？」「そんなのいつ着るの？」という感じで断られる回数も増えてきました。まだチャイムしかなくて、玄関が開いていたお宅が多かった時代でしたから「こんにちは」と挨拶をしたら家の人が出てきて、お茶を出していただいたり、おしゃべりができていました。ところがインターホンが普及してきたころから玄関に入れることも少なくなってきて。このままでよいのだろうか、と感じ始めた時期でもありました。

中野 飛び込み営業が効かなくなって、お顔を見ることもなく断られ、お客様との最初の接点がつかめなくなる。そんな心配事が出てきたわけですね。

坂本 そうです。このままでよいのか、と思っていた時に、私が修業していたところでされていた着付け教室を思い出しました。ひらめきというよりも「始めなければ」という、ただただ使命感の思いから着付け教室を始めたんです。これが二〇〇二～二〇〇三年ごろのことです。

中野 使命感、とおっしゃるのが何とも坂本さんらしいところだと思っているんですが、

坂本　坂本さんの肚の底にあるもの、仕事、事業に対する底知れぬパワーというのはどこから来ているのか、興味があります。

中野　私が修業先から戻ってきてまだ一～二年のころだったでしょうか、ある有名な経営者の方の講演会を聞きに行ったあとに、呉服業界のパーティーがあったんです。私がいたテーブルには年配の呉服店主さんとその奥様たち、私から見ると大先輩の人たちが七～八名いらっしゃって、その方たちから言われた言葉が忘れられないんです。

坂本　なんて言われたんですか？

中野　こう言われました。「君たちはかわいそうだね」と。

坂本　どういう意味なんでしょう？

中野　「何でですか？」って尋ねると、**「私たちの時代はよかったけれども、君たちの時代はかわいそうだ、君たちには未来がない」**と。一人の人が言うとそのテーブルにいた人たちみんなが言い始めたんです。「そうだな、かわいそうだな」「そうねえ、かわいそうねぇ」と。

中野　同じ業界の人がそんなことを……。

坂本　それが悔しくて悔しくて。その言葉の意味を考えていた時に、私の頭の中に映像が浮かんできたんです。うちの両親は私を着物で育ててくれたんじゃないか。二〇年、三〇年と支えてくれている社員さんにも家族がいるじゃないか。私が小さい時から遊んでもらった社員さんだって。そういう私らの仕事はかわいそうな仕事なのか、と。修業先ではなんて素晴らしい仕事だろうと感動したのに、いつの間に「かわいそう」な仕事になってしまったのか、考えているうちになんか腹が立ってきて……。私はこの人たちと同じようなことは絶対言いたくない！　と。そういうことが過去にあり、〝未来ある産業にしなければならない〟そういう思いになっていったんだと思います、きっと。

中野　それでこの「着付け教室をやらなければ」と。

坂本　でも、始めた時は何の資料もなくて、本当に手探り状態でした。その時にいろんな方に相談し助けていただきながら準備を始め、教えていただく着付けの先生探しの時も着物文化を次の世代に継承していきたいという話をしながら、思いに賛同していただいた先生二人でスタートしました。

◆着付け教室事業で再認識、顧客との絆

中野 着物屋さんの着付け教室、スタートして反応はどうでしたか？

坂本 着付け教室は二〇〇三年八月に準備を開始して二〇〇四年の二月に第一回目を開講しました。着付け教室のカリキュラムは、月に何回か教室に通って、初等科、専科、研究科、師範科、高等師範科という五つのステップを上がっていく。だいたい卒業するまでに二年半から三年くらいかかる感じですね。おそらく、こうしたスタイルを持っている着物屋さんは当時としては大変珍しかったと思います。既存の顧客さん中心に本店と支店で募集をして、結構生徒さんは集まっていただきました。

中野 このスタイルが一般社団法人日本伝統技術インストラクター協会の原型になっていくんですね。

坂本 そうです。ただ、この着付け教室も、しばらくすると生徒さんが集まらなくなってきて……。その原因は社内の意識が一枚岩になっていなかったからです。着付け教

室に人を集めるにしても各営業さんの労力を使うことになるし、それはそのまま営業さんの負担になっていき、それはいやだという人も出てきて。以前のままのスタイルでも十分食べていけるんだから新しいことはやらなくてもいい、という考えの人もいました。

中野 その辺が坂本さん独立のきっかけになるんですね。

坂本 **着付け教室を始めてから、「着物っていいよね」と着物を好きになっていただける方がどんどん増えてきた。**生徒さんが増えるということは、お客様が増える、業界のためにもなる。そういう実感がありました。

中野 その確信はどこから？

坂本 教室の生徒さんからです、三年たったら生徒さんに「着物への思い」という題で作文を書いてもらうのですが、ある人の作文を読んだ時に、ものすごく涙が出てきて……。その作文はいまでも大切に持っています。

「この着付け教室に通って、着物はもともと好きだったけれどもさらに好きになることができました。この着物文化を次の世代にも伝えていくために大きなことはできないけれども、自分の孫に、着物に少しでも触れられる環境をつくっていきたいと思います」

というものだったんですね。それを読んで感動して涙が出ました。私の思いが生徒さんに伝わったんだなと。そして、さらに強く思うようになったんです。

「この着物文化を次の時代に継承していきたい」

「かわいそうな産業じゃなくて未来のある産業なんだ」と。

◆──覚悟の時──独立へ向けて

中野 理想と現実とのギャップ、よく陥るジレンマですよね。既存の仕組みに新しいものを加えようとすると必ずこうした悩みは出てきます。

坂本 本来は着物屋が日本の文化を伝えていたのですが、会社として数字しか追いかけていないというのも現実としてある。でも一人の生徒さんがこういう思いを持ってくださったということは、すごく大事にしなければと思いましたし、私がやっていることは間違っていないのだと。そしていまの会社で受けとめてくれないのであれば覚悟を決めるしかないかなと。

中野 業界が変化していくターニングポイントがあると思うんですけど、その辺で何か感じたことはありますか？

坂本 独立する前のことですけど、支店の出店先を探していた時、ある大手のショッピングセンターのテナント担当の方から、「我々は普通の呉服屋さんの出店は求めていない。着付け教室と店頭販売ができる新しいお店を作ってほしい、それだったら出店してほしい」と言われていたんですね。流通のスタイルがどんどん変わっていく、変化のスピードがものすごく速い時代の中で、呉服屋さんも変化していかなければならない。それには**数値管理だけでは見えないお客さんのニーズを、しっかりと見極めながら**の事業スタイルが必要なんだなと。

中野 それまでモヤモヤっとしていたものが確信に変わった瞬間というのが、その時なんでしょうか。

坂本 わかりませんが、その時も「やらなくては」と（笑）。でもこれだけは感じていました。**一〇年後には絶対、必要になる時代になっている！** と。

中野　まさに一〇年後のいま、坂本さんの事業スタイルは、顧客を育てる、お客を創造していくスタイルとして、どの業界でもビジネスモデルの基本にあるものですよね。先見の明あり！　ですね。

坂本　といっても当時は何の根拠もないまま「やらなきゃ」と言っていただけで。経営者としてどうかというとまだまだという感じでした。

◆お金の借り方から始まる――新米経営者始動！

中野　私も経験がありますが、独立直後は目が回るほど忙しかったのでは。

坂本　そうですね、会社の経営としては何にも知らないよちよち歩きの初心者です。それこそ、お金の借り方とか、経営方針書の作り方とか、経営の勉強をそこから始めたという状態です。

中野　老舗の世襲企業は別として、現場で成長するしかないですよ、社長業は。

坂本　いやいや私の場合はそれ以前（笑）。経営方針書を持ってですね、銀行に行った時、いま思うと、私が無知だったからだと思うんですけど、銀行の担当の方が「いいですよ」と言ってくれたんです。

中野　何を？

坂本　お金を借りるのを。私は銀行さんに「七〇〇万円必要なんです」と。すると銀行さんが「いいですよ」と。あ、な~んだ、いいんだ、貸してくれるんだ、簡単だ。「ありがとうございます」と言って帰ってきて、そのあと、すぐに店舗の工事を始めたんです。

中野　貸してくれるんならいいじゃないですか。

坂本　恥ずかしい話ですけど、普通は契約してから貸してくれるのに、私はそれを知らなくて、口約束でもう貸してくれると思い込んでいたんですね。

中野　もう工事に入っちゃっているんですよね？

坂本　ええ、そこで銀行さんに、
「業者さんにお金を払わないといけないんですが、いつ貸してくれますか？」
と言ったら向こうの方がびっくりして、
「え！　ちょっと待ってくださいよ、まだ契約をしてませんし……」

というような感じで焦っていました。こっちはもう「貸してもらえるんだ」と思っているので大らかなものです。本当に無知だったです（笑）。

中野　この辺はさすがに坂本さんらしい（笑）。その後はどうなったんですか？

坂本　ちゃんと貸していただけました（笑）。そしておかげさまで二〇〇七年の一二月に、店舗をオープンさせることができました。

中野　坂本さんは人の心を動かす何かをお持ちなんですよ、きっと。

坂本　いろんな人から反対をされたけれども、私を信頼してついてきてくれる方もいました し、勇気をくれた方もたくさんいる。こうして応援してくれた方がいたからこそいまの私がいる。感謝しかありません。

◆――順風満帆どころか――あれっ？　こんなはずじゃ

中野　これで二〇〇七年、着付け教室を兼ねた呉服販売業がスタート。従来とは販売のスタイルが違いますから、斬新だったんじゃないですか？

坂本 そうですね、業界で初めてだったのではないかと思います。店舗販売と着付け教室を同時に行うというスタイルは。でもとにかく必死だったです。業界初というより「やっていけるのか」というような感じで。実は二〇〇七年一二月にスタートして二〇〇八年四月にお金が無くなるんです。

中野 え？

坂本 お金がなくなってしまったんです。

中野 どうして？

坂本 経費としていろいろ使っちゃったんです。教室用の備品として鏡とか、ほかにもこれいるよね、あれもいるよね、と。そんなことでお金が無くなりまして……。

中野 教室のための設備費用ですよね？

坂本 そうです。実は、これくらいは上がるだろうと思っていた売上が全然上がらなくて。父親の店のお客様のところには絶対に行かないという約束で独立しましたので。本当にゼロからのスタートだったんですね。ですから、お客様は着付け教室の新規で集まった方たちだけ。独立する前は私一人で年間六千万ほど販売していたこともあって自信もあったんですけど。「そううまくはいかさないよ」という天からの強烈な宿題をいただいたという感じです。

中野 どうされたんですか？

坂本 銀行さんに借りに行きました。そしたら、「社長、甘いですよ」。ああそうか、甘いんだ……と思って。「甘いです。考えが甘すぎます」と。

◆――吹っ切れて逆転勝利――功を奏した背水の陣

中野 四面楚歌の状態ですね。

坂本 どうしようかと思っていた時に助けてくれた方がいて、うちの取引先の問屋さんですが、その方が「応援してあげる」と言って商品の着物を出して展示会をしてくれたんです。

中野 救世主ですね、その方は。

坂本 はい、でもその時は、今日売上げがなかったらもうダメ、つぶれる、という状態の時でして……。もうあとがないギリギリの状態。しかも四日間の展示会、初日が全然売れなくて、そこで吹っ切れました。

中野 吹っ切れてどうされたんですか？

坂本 レイアウトを変えたんです。お客様の「私たちが見たいのは気軽に着られる着物なの」という声があったので。一縷の望みをつないで「じゃあ変えよう」と。でも応援してくださった問屋さんは「そんなもの変えても売れないよ」と言って帰ってしまったんです。

中野 これまでの常識とそれを打ち破る、どちらが吉と出るか「賭け」のような心境ですか？

坂本 明日ダメだったらつぶれてしまうんだから、自分の好きなようにやってしまえ、という感じです。だから自分の好きなように変えたんですよ。次の日に間に合うように夜中に必死で。そしたら次の日、メチャメチャ売れたんです（笑）。

中野 それは何の違いだったんですか？

坂本 **お客さんの声をちゃんと形にした**、ということだけだと思います。それまでは売る側の押し付けでしかものを考えていなかった。変えた途端、それこそ飛ぶように売れていくんです。

中野 顧客ニーズが見えていなかった？

坂本 はい、心に余裕がなかったからなんでしょうね。見えなかった。それがふっと気持ちを入れ替えた瞬間に見えてきた、そしてそれを形にした、それが売れた。本当に大きな勉強をさせていただきました。

「倒産するかもしれない」と思っていたのが終わってみたら黒字決算だった二〇〇八年七月。そうしたら、以前「社長、甘いですよ」と言っていた銀行さんがこう言ってくれました。

「社長、いくらいります？　いくらでも貸しますよ」と。

◆――まさかの景気後退――一難去ってまた一難

中野 その時は、ひと山越えたって感じですかね。

坂本 これはチャンスだ、と思いました。お金を貸してもらえるチャンスだと。

そしてもうひとつお店を作るんですね。二店舗持つことによって、生徒さんには大きな教室に通っているという自信を持っていただける。スケールメリットとまでは いかなくとも、そういったものが持てる。だからもう一店舗欲しかった。

中野 二〇〇八年はリーマンショックで世界経済激動の年ですよね。

坂本 そうなんです、うちも影響を受けて〝ズタボロ〟になりました。何をしても全然うまくいかないし、入金はないしで。仕事で車を運転していても、考えることはいつも一緒、「この道、明日もまた走っているかな?」

中野 えっ! どういう意味ですか?

坂本 本店から支店に行くのに車で四〇分ほどかかるんですが、倒産してしまったら行く必要もなくなる。明日も通えるように通えるようにと。それこそ明日ダメだったらもう本当にダメかもなあっていう日が何日も何日もありまして、本当に生きた心地がしない日が続きました。

中野 展示会を乗り切った時とはまったく違う試練ですか?

坂本 そうですね、本当に大変でした。見込んでた売上よりも使う経費、店舗であったりとか、人件費であったりとか、そういう方が全然多くて。それに生徒さんの募集も思ったほどには集まっていかず、むしろ減っていくような状態でしたから。

中野 その時、坂本さんはどうされたんですか？

坂本 また覚悟を決めましてね。それまでチラシを入れても全然生徒さんが集まらない。これが最後のチラシだと。もう手元には百万円しか残ってなくて、これでダメだったら倒産、もうあとはない。そのころのチラシってワンパターンだったんですね。だから、もうこういうのはやめて、自分が好きなように、自分がしたいように楽しもう！　もう最後になるかもしれないんだから。そしてとんでもないチラシを作ったんです。

中野 どんなチラシなんですか？

坂本 クラフト人形で、着物は着ているんですけど着物屋さんでもなければ着付け教室でもない、なんなんこれ、みたいな。そんな感じのチラシを作ったんです。

中野 そのチラシがすごい効果をもたらしたということですか？　また土壇場での起死回生劇の再来？

坂本 そうなんですよ。一三〇人の生徒さんが集まりました。この前まではせいぜい二〇人くらいしか集まらなかったのが、**チラシの表現を変えて、着付け教室から訴求ポイントをずらしただけで一三〇人の生徒さん**が集まって。そこからまた復活ですね。

◆――極限からの復活――見えない力を信じるようになった

中野 そこまで行くのに約二年？

坂本 そうですね。でも気がついたら胃から出血してしまってましたけど……。

中野 えっ？　ストレスで、ですか？

坂本 二〇一〇年に私、突然、医者から「緊急手術だ」と言われて。その日はなんか体がふらふらしていて、「なんか立てないなぁ」という感じだったんです。これはおかしいなと病院に行ったら

「胃です。もうすごく出血してます」

「緊急手術です！」

――お医者さんが言うには、血が二リットルほど抜けたということで、血を増やす注射をずっと受けていて、それで復活したんですけど。

中野 大事に至らなくて幸いでしたね。私の知り合いで最悪のケースになってしまった人を何人も見ていますから。本当によかった。やはり坂本さんにはどこかで助けてくれている人がいるんだと思いますよ。

坂本 私も実感しています。**実は復活したきっかけはお墓参り**だったんです。それまでお墓参りなんて全然してなかったし意識もしてなかった。休みもへったくれもない、忙しくて目の前の、明日のお金をどうしようかという毎日でしたから。もうダメかな、というのが二年間くらい続いていた時、ある日ふと、「お墓参りに行こう」と。

中野 それは誰かに教えられたわけでもなく、ですか?

坂本 はい。ある日ふっと「お墓参りしてこよう」と。私の母親のお墓が鹿児島県霧島市というところにあるんです。そこに行ったんです。「もうダメかなぁ」というときに休みを取ってお墓参りに。

中野 お墓参りのあと、何か変わりましたか?

坂本 不思議なことに、**お墓参りのあとだんだんと頭のモヤモヤが取れてすっきりしていく感じだったた**んです、表現がおかしいかもしれませんが、頭も体も〝動く〟ようになったんですね。

中野 気持ちが軽くなったという感じですかね？

坂本 それまでは、どうしようどうしようと心配ばかりが頭にあって、何も新しいアイデアも出ず行動もできなかった自分が、「大胆になった」のを覚えています。

中野 覚悟がついて、なおかつそれが行動につながった？

坂本 そうですね。**気負いがなくなって自然体になった**というか。着付け教室のチラシも、これまでのことに縛られずに自由につくろうという気になった。

中野 お墓参りしたことでご先祖様が力を貸してくださったんじゃないですか？

坂本 その時は手を合わせて、ただただ「ありがとうございます」と言って帰ってきただけなんですけど。帰ってきてからだんだんといろんなことが好転し始めて。

中野 私も経験がありますけど、お墓参りってすごいと思います。ご先祖様はどこかで私たちを見守ってくれているんだなぁと感じることが、しょっちゅうあります。

坂本 お墓参りをしてからは、いろんなことに気づかされまして、なんでこんなことにも気づかなかったんだろう、ということがたくさんあります。

◆――感謝と勇気――私のまわりには笑顔の人がいっぱい

中野　その時の気づきって何だったのですか？

坂本　**私には仲間がいる！　私を信用してついてきてくれている社員さん、私に元気と笑顔をくださるお客様たちがいる。この人たちを裏切ったら絶対にいかん！**　と。

当日の売上げが達成できなかったある日の夕方ごろ、〝もう終わったなあ、もう本当に終わったぁ〟とお店でぼ～っとしていた時があって。その時、頭をなにかでガーンとひっぱたかれた感じで気づいたんですね。

中野　坂本さんにとって、とても衝撃的だった？

坂本　はい、目を覚まされたというか。その時、私の隣に日比《ひび》という女性社員が座っていたんです。彼女は前の会社では着付け教室事業を最初から手伝ってくれて、私が独立する際もついてきてくれた、私にとっては右腕中の右腕の人。その彼女がなんか、すごい顔をして私を見ていたんです。

中野　その時、日比さんは、坂本さんの心中をご存知だったんでしょうね。

坂本　そうらしいです。彼女がこう言うんです。「大丈夫、まだ大丈夫です！」と。その時の私の〝もう終わったぁ〟という思いを吹き飛ばすような感じで。そして「なんて顔をしているんですか！　**そんな顔をしていたら、大丈夫なものもダメになるし、だいいち社員に示しがつきません！**」と。

中野　そのとき坂本さん、よっぽどすごい顔になっていたんですね。

坂本　びっくりして「どんな顔していたんだろ」と鏡を見に行ったんですよ。そしたらすごく青ざめていて、目はくぼんで落ち込んで、気力も何もない、まさにヌケガラのような様相だったんです。

中野　そこまで思い詰めていたということですね。

坂本　はい、情けない顔でした。でもその時パッと店内を見たら、着付け教室に来られている**生徒さんのものすごくいい笑顔**が目に入ってきて。私たちがやっていることを信じて、着付けの技術を身に付けるために授業料を払ってきてくださっているのに、私はなんて顔しているんだろう。私はお客様をこれだけ笑顔にできるのに、その私がなんて顔してるんだ、と。

中野 お客様の笑顔で勇気づけられたと？

坂本 はい。この笑顔を私の自分勝手な思いで〝終わらせてはいかん！〟と。私は何のためにここまで頑張ってきたのか、業界を明るくするためじゃないか、それを使命としてやってきたじゃないか！

中野 日比さんの一言が、坂本さんの底力を引き出した！

坂本 私のまわりにはこんなにたくさんの笑顔の人がいる。こんなにもお客様を笑顔にしていくノウハウを全国の小売店さんに広げていったら、もっとたくさんの人の笑顔につながっていく。**日本中を笑顔にできるんじゃないか。**この着付け教室の資格も、私が発行するんじゃなくて、全国の着物屋さんで共有できる資格として発行したら、たとえ**私が死んだとしても会社がつぶれたとしても、この資格、お客様が学んできた技術は消えない、という仕組みを作ろう**と思ったんです。

中野 それがいまの一般社団法人日本伝統技術インストラクター協会なのですね。お客様のためにできることをやる。この時の気づきは大きいですね。原点に返って新たなスタートを切る〝覚悟〟ができた瞬間ですね。

◆──地域着物店との共存共栄を

坂本　そこからはまたがむしゃらです。言葉でカッコイイこと言っても赤字会社のノウハウなんか誰もいらないですから。黒字だからこそ求めてくれる。だから何が何でも黒字にしなければ！　そして〝黒字になったら社団法人を作る！〟と心に決めて、経理や財務などお金の勉強や経営の勉強を、その時からあらためて始めました。そして二〇一一年に黒字になったのを機に一般社団法人を作り、学び直しました。

中野　坂本さんの夢がいよいよ現実になる。

坂本　これまで私を最大限に応援してくれていた私の先輩にあたる着物屋さんがいらして、ご恩返しのつもりで、まずその着物屋さんにうちの集客と実践ノウハウをご提供したら、すごく喜んでくださったんです。

中野　具体的にはどういうことを提供されるんですか？

坂本　着付け教室のノウハウです。募集の方法、講師の育成、初級から師範代クラスそれぞれの顧客管理、着付けの技術まで、さまざまなことを提供しながら、逆にどんな

一般社団法人日本伝統技術インストラクター協会の研修会

ことを教えたらいいのか、わからないことをわかるようにするにはどうしたらいいか、などの情報交換をして、仕組みの精度を上げていっていまの仕組みが出来上がりました。

中野 あらためてお聞きしますが、協会に参加している着物屋さんが統一のルールの下で着付け教室を行うのですか？

坂本 はい。初級から師範代クラスまで五つのステップで学びを深めていただけるようにしながら。卒業される時には木製の、文字通り〝看板〟を差し上げて、実際に資格を活かしていただけるようにもなっています。

中野　協会の目標は？

坂本　参加社数は二二三社を目標にして、着物屋さんの連合体を目指します。イメージとしては、ビッグカンパニーがクジラだとしたら、私たちはイワシの群れ。群れることでメリットを見出していく。

中野　坂本さんの経営観は、坂本さんの会社だけが大きくなるというものではなく、地域に根付いた着物屋さんとの共存共栄ですね？

坂本　そうですね、自社の拡大についてはまったく興味がないですね。それよりも着物を好きになってくれる、日常でも着物を着て楽しんでもらえる人をもっともっと増やしたいと思っています。

中野　新和装の「栄時（ＥＩＺＩ〈えいじ〉）」の袴を発表した時の、協会メンバーの方々の反応はいかがでしたか？

坂本　皆さん応援してくれて、「店でも頑張って扱っていくわ」という加盟店さんが多かったので、おかげさまでいい感じで売れてきています。買い手よし、売り手よし、作り手よしの三方よしの流れができてきています。

中野 今後のブランド展開は？

坂本 三越伊勢丹さんから取り扱いのお話があったことは大きな自信につながりました。スタッフからもお客さんからも好評で、日本の文化、着物への関心は男性も女性に負けないくらい持っていることを実感しました。ニーズをしっかり理解して展開していけば、男性の着物ニーズをもっともっと引き出していけるのではないかと思っています。

中野 坂本さんが経営者として苦難の道を歩みながらも、今日まで邁進し続けることができたのは、坂本さんが「着物屋を誇りある仕事」にするとの初心を忘れず、なおかつ、「着物業界を未来ある産業にする」という高尚な理念を持ち続けたからだと思います。こうした正々堂々とした念《おも》いがあるからこそ坂本さんは人から信頼され、その人たちが理解者、支援者になる。だから数々の逆境をくぐり抜けることができ、今日に至ったのだと、このインタビューを通して確信しました。

「商業の徳義で、もっとも重要なのは信である」（渋沢栄一）

まさにこれを地でいく坂本さんなのでした。

おわりに

最後まで本書をお読みいただき、ありがとうございました。

この本は、実際の体験と経験をもとに「なぜ、一流の人は着物を着こなしているのか？」についてまとめたものです。ここでお伝えしたいのは、「着物には不思議な力がある」ということ、そして一流の人はその着物の力を取り入れながら「ご自分の魅力を最大限に引き出している」ということです。

例えば、「まわりを笑顔にする力」「まわりが優しくなる力」「女性らしくなる、男らしくなる力」「所作が綺麗になる力」「誇りと自信を感じる力」――これらは着物を着ることで自然に身に付いてしまう不思議な力なのです。この不思議な力をより多くの方に活かしていただきたいと、この本を上梓した次第です。

特に会社の社長や経営者、リーダーの方など、人の上に立ち、人の手本となる立場にある人には、ぜひこの力を活かしていただきたいと思います。本書の中で触れているように、着物を着ている人は「見られている」存在です。そしてそれは「自ずと自らを律する」気持ちを生むこととなります。

「帯を締めて姿勢を正す、気持ちを正す」

混沌とした正と偽があいまいに絡み合う時代に重要な判断をする機会の多い立場だからこそ、リーダーと言われる方には着物の持つ力を実感してほしいと感じています。

そしてもうひとつ、着物は「日本」と「日本人」を表現するということです。

ひと昔前まで着物は普段着としても着ましたが、今は「ハレの日」にしか着る機会はなくなってしまいました。ですが、今も昔もここぞという時に着るのは「一張《いっちょう》羅《ら》」の着物であることに変わりありません。結婚式からお葬式まで幅広く式ごとの際に着用する一張羅の着物には、最大限の敬意をもって相手と向かい合うという意味が含まれています。これは相手のことを思う、礼と義を重んじる「日本人」ならではの気持ちの表し方ではないでしょうか。

着物の持つ最大の力は、この「日本人」らしさを自他ともに自覚することができることです。本格的なグローバル時代においては、国内にいても「日本人としての心」

を自覚することは、文化を次代につなぐ意味でとても大事なことなのだと思います。私も何度もチャレンジし、壁にぶつかっては「覚悟」を重ね、いろいろなことに気づくことができました。

一般社団法人日本伝統技術インストラクター協会（略：ＪＴＴＩ）を通じて「和装産業を未来輝く産業として、次の世代へ継承する」という同じ理念のもとに集った仲間との出会い。新開発した簡単に着ることができる袴「栄時（ＥＩＺＩ）」で出会った数々のご縁。そして実際に着物を着ている方々のたくさんの声を聴きながら、「着物を通じて日本の文化を伝えていく」という仕事に対する誇りを感じています。そしてこの本の出版を機に、より多くの方々に「和の心」を身にまとっていただくお手伝いに邁進していこうとあらためて決意した次第です。

会社設立の折りに、会社設立の核となる神棚を祀ってくださった親先生より教えていただいた「天地の道理」。それを軸に、「和賀心」を磨き、本書執筆の機会をくださった信和義塾大學校創始者・中野博様との出会いとなる帝王學を通じて一人でも多くの方のお役に立ちたいという念《おも》いを持ち、今回、私の生涯の目標である新たな「挑戦」として、本書を書かせていただきました。

本書の出版実現にあたり、これまでたくさんの示唆と気づきとご縁を与えてくださったすべての方々に感謝申し上げるとともに、私を著者として導いてくださった前述の中野様、本書の編集を担当していただき最後まで本書の内容に関して明確かつ丁寧なご指導をしていただきました現代書林の松島一樹様にお礼を申し上げます。

そして本書をご縁に、少しでも多くの方に着物との新たな出会いが生まれることを願っています。

一般社団法人日本伝統技術インストラクター協会代表理事　坂本洋平

一流《いちりゅう》の人《ひと》はなぜ着物《きもの》を着《き》こなせるのか

2018年 3月15日　初版第1刷

著　者 ―――――――――― 中野《なかの》　博《ひろし》　坂本洋平《さかもとようへい》
発行者 ―――――――――― 坂本桂一
発行所 ―――――――――― 現代書林
〒162-0053　東京都新宿区原町3-61　桂ビル
TEL／代表　03(3205)8384
振替00140-7-42905
http://www.gendaishorin.co.jp/

ブックデザイン＋DTP ――― 吉崎広明（ベルソグラフィック）
写　真 ―――――――――― 和文館株式会社提供

印刷・製本　広研印刷㈱
乱丁・落丁本はお取り替えいたします。

定価はカバーに
表示してあります。

ISBN978-4-7745-1686-8 C0034